让孩子
越玩越聪明的
366 个
经典思维游戏

阿卡狄亚◎编著

知识出版社

图书在版编目（ＣＩＰ）数据

让孩子越玩越聪明的 366 个经典思维游戏 / 阿卡狄亚编著 . -- 北京：知识出版社，2015.1

ISBN 978-7-5015-8376-8

Ⅰ．①让… Ⅱ．①阿… Ⅲ．①智力游戏－少儿读物
Ⅳ．① G898.2

中国版本图书馆 CIP 数据核字（2015）第 005197 号

让孩子越玩越聪明的 366 个经典思维游戏

出 版 人	姜钦云
责任编辑	李易飚　万　卉
封面设计	阿卡狄亚·王晶
出版发行	知识出版社
地　　址	北京市西城区阜成门北大街 17 号
邮　　编	100037
电　　话	010-88390659
印　　刷	永清县晔盛亚胶印有限公司
开　　本	710mm×1000mm　1/16
印　　张	10.75
字　　数	110 千字
版　　次	2015 年 1 月第 1 版
印　　次	2017 年 8 月第 2 次印刷
书　　号	ISBN 978-7-5015-8376-8
定　　价	29.00 元

目录

第五部分　常识谜题

第六部分　洞察力谜题

第七部分　趣味思考谜题

第一部分　　发散思维谜题

1.还剩几根蜡烛

屋里停电了，花花点燃了8根蜡烛，但外面突然吹来一阵风，有3根被风吹灭了。过了一会儿，又有2根被风吹灭了。为了防止蜡烛再一次被吹灭，花花赶紧关上了自家的窗户，之后，蜡烛就再没被风吹灭过。

小朋友，你知道桌子上最后还能剩下几根蜡烛吗？

2.鸡蛋会破吗

拿起一个生鸡蛋，让它自由下落。鸡蛋会怎么样呢？不用想，肯定是摔碎了，蛋清蛋黄全部流出来。

小朋友，请你想一想，在地上没有任何铺垫物的情况下，你能够让鸡蛋下落1米，而且不破裂吗？

3.机智的小伙伴

小雪一直吵闹着要明明陪她一起打乒乓球。明明被吵得实在受不了，于是，他想了一条妙计："小雪，这个袋子里放了两个乒乓球，一个是黄色的，另一个是白色的。现在，要你伸手进去拿乒乓球。如果你拿到黄色的，我就陪你玩，但如果拿到了白色的，你就要放弃了，不能再吵我！"

小雪的眼睛顿时亮了起来，但此时却瞥见转过身的明明放了两个白色的乒乓球。

那么，无论她拿到哪一个，都会是白色的。请问，小雪是不是不能和明明一起玩乒乓球了呢？

4.过桥洞

一辆载满货物的卡车要通过立交桥的桥洞，但是，卡车顶部比桥底要高1厘米，怎么也过不去。小朋友，你有办法帮助司机解决这个难题吗？

过山涧

有一个山涧，宽4米，下面是万丈深渊。山涧上没有桥，来往的人都是带着木板过桥的。一次，一个人带来了3.9米长的木板，另一个人带了3.1米长的木板。两个人的木板都有些短了，搭不了桥。

小朋友，你知道他们应该怎样做，才能安全地通过山涧吗？

6.糖有多重

有一个只能称重量在100克以上物品的天平，现在要称3份重量都比50克大一点儿、但都达不到100克的糖果。

请问，小朋友，你认为用什么办法才能准确地称出它们各自的重量呢？

7.移动数字

请移动下面等式中的一个数字（只能移动数字，但不能将这两个三位数调换位置，也不能移动符号），使等式成立。

小朋友，请想一想，你会做吗？

$$101-102=1$$

8.智取药片

萍萍感冒了，医生给她开了一瓶药片，药瓶是用木塞子密封的。只有打开木塞才能取出药片。

小朋友，现在要在不拔出瓶塞也不在上面穿孔的情况下，从完整的瓶子里将药片取出来，应该怎么办呢？

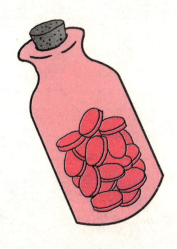

9. 怎样省机票

赤道上有A、B两座城市,它们正好位于地球上相对的位置。分别住在这两个城市的甲、乙两位科学家每年都要去南极考察一次,但飞机票实在是太贵了。围绕地球一周需要1000美元,绕半周需要800美元,绕1/4周需要500美元,按照常理,他们每年都要分别买一张绕地球1/4周的往返机票,一共要1000美元,但是,他们却想出了一条妙计,两人都没有花那么多的钱,就完成了考察。小朋友,你猜他们是怎么做的呢?假设机票像公交车票一样不记名。

10. 装鸡蛋

往一只盒子里放鸡蛋,假定盒子里的鸡蛋数目每分钟增加1倍,1小时后,盒子就装满了鸡蛋。那么,你知道在什么时候盒子里会装有一半的鸡蛋吗?

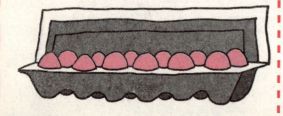

11. 分油

一个农夫用一只大桶装了12千克的油到市场上去卖,恰巧市场上的两个家庭主妇分别只带了5千克和9千克的两只小桶,但她们买走了6千克的油,其中,一个矮个子家庭主妇买了1千克,另一个高个子家庭主妇买了5千克,更为惊奇的是她们之间的交易没有用任何称重的工具。小朋友,你知道她们是怎么分油的吗?

12. 羊吃草

放羊娃牵着羊来到一棵树下,他用3米长的绳子拴住羊脖子,让它在树下吃草,自己割牧草去了。他把割来的牧草放在离树5米远的地方,又继续去割牧草,但是,等他再回来时,羊却把他割好的牧草全部吃光了。当然,绳子是很结实的,也没有断,更没有人解开它。

小朋友,你知道羊是怎么吃到这些牧草的吗?

13.巧移杯子

有10只杯子，右边5只装有水，左边5只没有装水。移动4只杯子，就可以将盛水的杯子和空杯子相间，现在，要求只移动2只杯子，也要达到同样效果，小朋友，你能做到吗？

14.巧拴风铃

小柔是一个喜欢动手的好孩子，她最喜欢做的就是风铃，因为风铃不但漂亮，还能发出美妙的声音。这一天，她折了6朵风铃花，用一根1米长的绳子每隔0.2米拴1个。现在她不小心用剪刀剪坏了1个，重新折的话又没有多余的塑料纸了。现在，还要求每隔0.2米拴1个，绳子又不能剩。小朋友，你认为小柔应该怎样拴风铃呢？

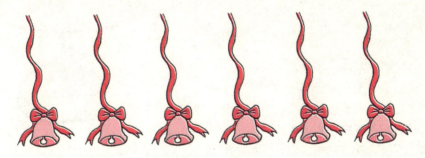

15.汽车过桥

一辆汽车坏了，被另一辆汽车用钢索拖着前进。但在行进中，路遇一座桥梁。桥头的标志牌上写着：最大载重量30吨。然而，前面的汽车重20吨，后面坏了的汽车重15吨，明显超出了桥的载重量，又不能将两辆车分开，这可难住了两位司机。小朋友，你能想出好办法帮助他们通过这座桥吗？

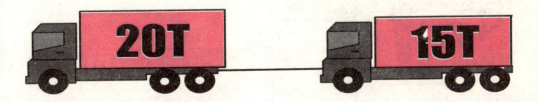

16. 井底之蛙

一只井底之蛙觉得很无聊，想出去见见世面，于是开始攀爬井壁。这口井有10米深，小青蛙每跳一次，就上升3米，但再次跳之前会向下落2米。请你想一想，这只青蛙要跳几次才能爬出井去呢？

17. 神秘命案

平静的湖面上浮着一具男尸，看上去很像是溺水自杀。警察接到报案后，迅速赶到现场。验尸时，在被害人的内衣里发现了一只蟑螂。刑警队长立刻断定说："这个人是在室内被杀死，然后转移到湖里的。"

请问，队长这么说，有什么理由吗？

18. 音乐转灯

有一盏音乐灯的设计很独特：在中心红光外面包有7层圆筒壳，每层壳上都有7个五角星的图案，当7层壳上的五角星排成一条直线时，中心红光就会透出五角星的图案。

如果开始时7个五角星是对齐的，然后7层筒壳一起转动，但是它们的转速不一样：每分钟第一层转1圈，第二层转2圈，第三层转3圈，第四层转4圈，第五层转5圈，第六层转6圈，第七层转7圈。请问，至少要多长时间以后，才能再透出五角星图案？

19. 巧称粮食

分别把大米、小米和玉米装在3个袋子里，它们的重量都在35斤到40斤之间。用一台最小刻度为50斤的磅秤，最多称几次就能称出小米、大米和玉米分别重多少斤呢？

20.聪明的商人

在古代欧洲的一个地方，有这样一条规定：商人带着商品每经过一个关口，就要被没收一半的钱币，再退还一个。有一个商人，在经过了10个关口后，只剩下两枚钱币了，但他没有损失钱财。那么，你知道这个商人最初共有多少枚钱币吗？

21.苹果怎么装

炊事班长出去采购，他把买来的100个苹果分装在6个大小不一的袋子里，每个袋子里装的苹果数都是含有数字6的数。

小朋友，请想一想，他在每个袋子里各装了多少个苹果呢？

22.打猎

有一天，猎人去山林里打野兔，直到天黑才回家。他的妻子问："今天怎么样，打了几只兔子？"猎人说："打了6只没有头的，8只半个的，9只没有尾巴的。"

聪明的妻子马上就明白丈夫打了几只兔子了。小朋友，你知道吗？

23.喝咖啡

客人来到一家餐厅，要了一杯咖啡，当喝到一半时又兑满了开水；又喝去一半时，再次兑满开水；又经过同样的两次重复过程，最终喝完了。

小朋友，请你算一算，这位客人一共喝了多少杯咖啡？

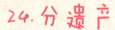

24.分遗产

一位古希腊寡妇要把她丈夫遗留下来的3500元遗产同她即将出生的孩子一起分配。

如果她生的是儿子，那么按照古希腊的法律，母亲应得儿子份额的一半；如果生的是女儿，母亲就应分得女儿份额的两倍。可是如果生的是一对龙凤胎呢？遗产又该怎么分呢？这个问题把律师给难倒了。

聪明的小朋友，你知道这份遗产该怎么分吗？

25.烤饼

有一只烤锅一次只能烤两张饼，烤一面所需要的时间是1分钟。你能在3分钟的时间里烤好3张饼吗？

注意：饼的两面都是需要烤的。

26.鸭梨该怎么分

蕾蕾家里来了5个同学。蕾蕾想用鸭梨来招待他们，可是家里只有5个鸭梨，该怎么分呢？谁少分一份都不合适，应该每个人都有份（蕾蕾也想尝尝鸭梨的味道）。那就只好把鸭梨切开了，可是又不好切成碎块，蕾蕾希望每个鸭梨最多切成3块。于是，这就又面临一个新的难题：给6个人平均分配5个鸭梨，任何一个鸭梨都不能切成3块以上。蕾蕾想了一会儿，轻松地把问题解决了。小朋友，你知道她是怎么分的吗？

27.慢吞吞的老钟

有一台老钟，每小时慢4分钟，3点以前和一只走得很准确的手表对过时间，现在这只表正好指在12点，请问老钟还需走多少分钟才能再次指在12点，并说明理由。

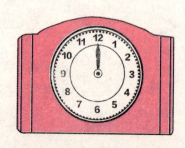

28. 测牛奶

有一个牛奶瓶，其下半部分是圆柱形，高度为整个瓶高的3/4，其上半部分的形状不规则，占瓶高的1/4。现在，瓶内只剩半瓶牛奶，在不打开瓶塞的情况下，利用一把直尺，怎样才能测出这些牛奶占整个牛奶瓶容积的百分比呢？（注：牛奶瓶的内径在求百分数时可以不计。）

29. 如何切蛋糕

有7个小朋友给杰克过生日，他们带来了一个圆形的生日蛋糕，为了考考这个"小寿星"，他们要求杰克只能切3刀，就要把蛋糕分成8块，而且每个人都能得到相等的一份。

小朋友，你知道小寿星杰克应该如何切蛋糕吗？

30. 重量异常的小球

有12个特征相同的小球，其中只有1个的重量和其他的不一样（轻或重都有可能），现在要求用一个没有砝码的天平称3次，将那个重量异常的小球找出来。

小朋友，你能找出是哪一个吗？

31. 必胜秘诀

两个人在围棋盘上轮流放棋子，一次只能放一枚，要求棋子之间不能重叠，也不能越过棋盘的边界，棋盘上不能再放棋子时，游戏结束。谁放下了最后一枚棋子，谁就取得了胜利。

小朋友，如果你先放棋子，有没有必胜的秘诀呢？

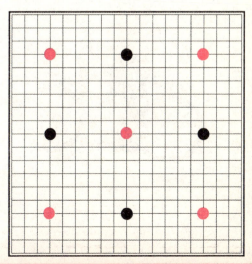

32. 匪夷所思的答案

一位驼背的老年人和一位瘸腿的年轻人路过一个陌生的村庄。对面走来一位中年人。好奇的中年人问年轻人："那位驼背的老年人是不是你父亲？"年轻人肯定地回答："是的。"

中年人又到前面去问老年人："后面那位瘸腿的是不是你儿子？"老年人回答："不是。"

中年人有点糊涂了，又一次问年轻人："那位驼背的老年人是不是你的亲生父亲？"年轻人仍然肯定地回答："是的。"

中年人又一次到前面去问老年人："那位瘸腿的年轻人是不是你的亲生儿子？"老年人同样回答："不是。"

但事实上，老年人和年轻人说的都是真话。小朋友，请想一想，老年人和年轻人到底是什么关系呢？

33. 旅馆迷案

一天晚上，住在某旅馆里的一位空姐被人枪杀。凶手是从相隔30米的对面屋顶用无声手枪射中她的。

窗户是关着的，窗子上有一个弹洞。从这一迹象来看，凶手只开了一枪。但奇怪的是，被害者的胸部和腿部都中弹了，大腿被子弹射穿，胸部也留有子弹。这样看来，凶手好像开了两枪。如果凶手开了两枪，那么另一颗子弹是从哪里射入被害者房间的呢？这颗子弹又在哪里呢？

大家无法回答，于是去请教大胡子侦探，他肯定地回答：只开了一枪。

大胡子侦探为什么这样说呢？小朋友，你知道这是怎么回事吗？

34. 孪生姐妹

丁丁告诉我这样一件怪事：有一对孪生姐妹，姐姐出生在2001年，妹妹出生在2000年。

小朋友，你认为有这种可能吗？

35.盲人分衣服

有两位盲人，各自买了两件黑衣服和两件白衣服，衣服的布料、大小完全相同。

两位盲人不小心将自己和对方的衣服混在了一起。他们怎样才能取回各自的黑衣服和白衣服呢？

小朋友，你知道他们该怎么办吗？

36.三兄弟的房间

小明有两个兄弟，他们三兄弟分别住在3个互不相通的房间里，每个房间门上都有两把钥匙。

请问：如何安排房间的钥匙，才能确保小明三兄弟随时都能进入每个房间呢？

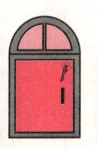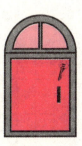

37.两个电话

一位朋友给保罗打电话，问了一个问题，保罗说："哦，我告诉你吧。"挂了电话后，不一会儿，又一个朋友打电话过来，问了同样的问题，保罗说："我怎么会知道！"

保罗和这两个人的关系都很好，而且问的问题也不是在开玩笑。那么，请你仔细想一想，他到底被这两个朋友问了什么样的问题？

38.最大的数

1、2、3所组成的最大数字是多少？小朋友，你能马上说出来吗？

1 2 3

39.迷宫

你要在这个迷宫中，走到标示着"F"的终点。并且你只能直线前进，图中每个格子里面的数字代表下一步你可以走几格。从左上方的"3"处开始，如图所示，下一步你只有两种走法。

40.新手司机

一位新手司机驾驶一辆小轿车去见朋友，半路上，有一只轮胎爆了。当他把轮胎上的4枚螺丝钉拆下来并从后备箱里把备用轮胎拿出来时，不小心把4枚螺丝钉踢进了下水道里。

请问：新手司机该怎样做，才能把轿车安全地开到最近的修车厂呢？

41.果汁怎么分

有7个满杯的果汁、7个半杯的果汁和7个空杯子，要平均分给3个人，小朋友，你知道该怎么分吗？

42.谁的路程短

一座小城里有许多纵横交错的街巷。皮皮、琪琪两人要从甲处出发步行到乙处，琪琪认为沿着城边走路程短些，皮皮认为在城里穿街走巷路程短（如图所示）。

小朋友，你认为他们谁走的路程要短一些呢？

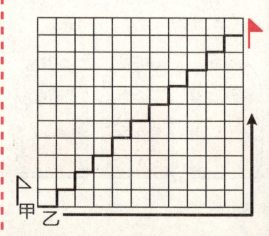

43.聪明的儿子

从前，当古罗马城陷入纷乱的时候，有位母亲对想趁着乱世称雄的儿子说道："如果你正直的话，就会被大众所背叛；但是如果你不正直，就会被神灵所遗弃。反正都没有好下场，你就别强出头了。"

这位坚强的儿子不但没有放弃，还利用这番话中的盲点说服了母亲。

小朋友，你知道他是如何反驳的吗？

44.你能从A走到B吗

这是一个非常简单的迷宫，小朋友，想一想，你能从A走到B吗？又能走出多少种路线呢？

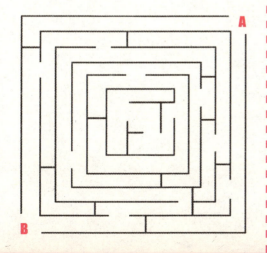

45.预测机可靠吗

人工智能专家发明了一台预测机，任何人都可以问它：接下来会不会发生某件事？如果预测机预知这件事会发生，就亮绿灯，表示"会"；如果亮红灯，就表示"不会"。

这个机器一经推出，就受到了很多人的欢迎，特别是警察，因为这样可以减轻他们的工作量，只有局长不高兴，因为他知道预测机根本就不可靠，用一句话就可以验证。

小朋友，你知道这位聪明的局长想到了一句什么话吗？

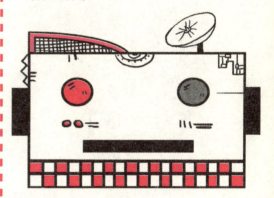

46.兄弟姐妹

男孩小米的姐妹与他拥有的兄弟一样多。他的姐姐莉莉拥有的姐妹却只有她拥有的兄弟数量的一半。小朋友，你知道他们家一共有多少个孩子吗？

47.爱说谎的兔子

有4只兔子，年龄从1岁到4岁不等。它们当中有两只会说话，无论谁说话，如果说的是关于比它大的兔子的话都是假话，说比它小的兔子的话都是真话。

兔子甲说："兔子乙3岁。"

兔子丙说："兔子甲不是1岁。"

小朋友，通过它们的陈述，你知道这4只兔子分别是几岁吗？

48.天使与魔鬼

魔鬼说出口的都是假话，而人有时说假话，有时说真话。但是，天使总是说真话。

现在，甲说："我不是天使。"

乙说："我不是人。"

丙则说："我不是魔鬼。"

小朋友，你能判断出他们各自的身份吗？

49.聪明的鹦鹉

罗伯特、丽萨、艾米是3只聪明的鹦鹉，它们分别来自3个国家。其中，来自A国的鹦鹉一直说真话，来自B国的鹦鹉一直说假话，来自C国的鹦鹉非常有意思，它总是先说真话，再说假话。对于这3只难以对付的鹦鹉，饲养员偷偷地记录下了它们的对话，请你根据它们的对话说出这3只鹦鹉分别来自哪个国家。

罗伯特说："艾米来自C国，而我则来自A国。"

丽萨说："罗伯特来自B国。"

艾米说："丽萨来自B国。"

参考答案

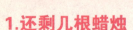

1.还剩几根蜡烛

事实上，燃着的蜡烛最终将燃尽。所以，最后只能剩下5根被风吹灭的蜡烛。

2.鸡蛋会破吗

能。只要将生鸡蛋的高度拿到1米以上，然后让鸡蛋自由下落，当它落到1米的时候，并没有碰到地面，当然也就不会破了。

3.机智的小伙伴

当然不是。小雪从袋子里拿出一个乒乓球之后，立刻藏在身后。明明肯定要求小雪把它亮出来，而此时小雪就说："我亮不亮出来没有关系，只要看看袋子里面剩下的是什么颜色的乒乓球。"明明当然就会无话可说了。

4.过桥洞

只要给卡车轮胎放一些气，让卡车的高度降低1厘米，就可以安全地通过桥洞了。

5.过山涧

一个人可以把木板向山涧伸出一部分，然后站在木板的另一端，压住木板。另一个人可以把木板搭在山涧边缘与对方的木板之间，就可以安全地通过了。然后，他可以压住木板，让对方也通过。

6.糖有多重

分别把3块糖编号为1、2、3。我们可以先称出1号和2号两份糖的总重量，然后再把3号糖放上去，称出这3份糖总的重量。这样，用它们的总重量减去1、2号糖的重量，就得到了3号糖的重量。

以此类推，可以分别称出1号、3号的重量和2号、3号的重量，用总的重量去减，就得到了2号糖和1号糖的重量。

7.移动数字

将数字102改为10的2次方。

8.智取药片

这个问题很简单，只要把瓶塞用力按到药瓶里面去，就可以取出药片了。

9.怎样省机票

甲买一张经由南极到B市的机票，乙买一张经由南极到A市的机票，当他们在南极相会时，把机票互换一下，这样他们只花了800美元就到了自己的城市。

10.装鸡蛋

盒子里的鸡蛋在60分钟时全满，一分钟之前，即59分钟的时候是半盒子鸡蛋。

11.分油

先从大桶中倒出5千克油到5千克的桶里，然后将其倒入9千克的桶里，再从大桶里倒出5千克油到5千克的桶里，然后把5千克桶里的油将9千克的桶灌满。现在，大桶里剩有2千克油，9千克的桶已装满，5千克的桶里有1千克的油。再将9千克桶里的油全部倒回大桶里，大桶里有了11千克油。把5千克桶里的1千克油倒进9千克的桶里，再从大桶里倒出5千克的油，现在，大桶里有6千克油，而另外6千克油也被分成了1千克和5千克两份。

12.羊吃草

绳子的一头虽然拴住了羊脖子，但是另一头并没有拴在树上。所以羊是自由的，能够吃到牧草。

13.巧移杯子

将第7只杯子里的水倒入第2只杯子，将

第9只杯子里的水倒入第4只杯子，这样就可以使其相间了。

其实，这道题考的是一种思维方式，解答的时候不要拘泥于题目本身，要开拓思路。

14.巧拴风铃

因为并没有要求绳子是直的，所以可以将5个风铃花连成一个圈。

15.汽车过桥

用比桥面长的钢索，系在前面与后面的两辆汽车之间，这样，两辆车就不会同时压在桥上，便可以顺利地通过大桥了。

16.井底之蛙

8次。

小朋友不要被题中的枝节所迷惑，每次跳上3米，又滑下2米，实际上就是每次跳一米，这样10次就可以全部跳出，如果这样想就错了。因为跳到最后时，青蛙就直接跳出了井口，不会再下滑了。

17.神秘命案

蟑螂喜欢温暖、潮湿、有人类居住和丰富食物的环境，一般不会选择在野外，更不会在人活动的时候就跑到口袋里。显然，湖里不是第一案发现场，这个人应该是在室内被杀害并且滞留了一段时间，在此期间，蟑螂钻到了尚有体温的尸体上。

18.音乐转灯

题目中的这么多条件只是为了迷惑你，请你仔细想一下，在1分钟后，它们各自刚好转了整数圈，肯定又会恰好对齐。

19.巧称粮食

最多称3次。把大米和玉米、玉米和小米、大米和小米分别两袋一起称。把3次的重量加起来除以2，就得到一袋大米、一袋小米和一袋玉米的总重量。然后把总重量分别减去大米和玉米、玉米和小米、大米和小米的重量，就能算出小米、大米和玉米各重多少斤了。

20.聪明的商人

商人最初只带了两枚钱币。

21.苹果怎么装

答案只有一个。

因为把100个苹果分装在6个袋子里，100的个位是0，所以6个数的个位不能都是6，只能有5个6，即$6 \times 5 = 30$；又因为6个数的十位数的数字之和不能大于10，所以十位上最多有一个6，而个位数按照上面的分发已占去30个苹果了，所以目前十位上的数字和不能大于7，也只能有一个6，就是60个苹果。这样，十位上还差1，把它补进去出现6，即为答案：60、16、6、6、6、6。

22.打猎

0只。

"6"去掉"头"，"8"去掉半个，"9"去掉尾巴，结果都是"0"。

23.喝咖啡

无论加几次水，他喝到的咖啡都只有一杯，因为他只点了一杯咖啡。

24.分遗产

那位寡妇应分得1000元，儿子分得2000元，女儿分得500元。这样，立遗嘱人的遗愿就完全履行了，因为寡妇的所得恰好是儿子的一半，又是女儿的两倍。

25.烤饼

假设3张饼分别为1、2、3，烤饼的具体步骤为：先将1和2两个饼各烤1分钟，然后把第1张翻过来，取下第2张，换成第3张；1分钟后，取下第1张，将第2张饼没有烤过的一面贴在烤网上，同时将第3张饼翻过来烤。这样，3张饼就都在规定的时间内烤熟了。

26.鸭梨该怎么分

鸭梨是这样分的：先把3个鸭梨每个切成两半，把这6个半块分给每人一份。另两个鸭梨每个切成3等块，这6个1/3也分给每人一份。于是，每个人都得到了一个半块和一个1/3块，也就是说，6个人都平均得到了鸭梨，而且每个鸭梨都没有切成多于3块。

27.慢吞吞的老钟

36分钟。

对于老钟来说，从3点到12点共9个小时，实际需要的时间是9×64分钟，如果目前是12点，则已经过了9×60分钟，实际时间减去已经过去的时间。所以还需要36分钟。

28.测牛奶

先把牛奶瓶正放，用直尺量出瓶子里牛奶的高度；再把瓶子倒过来，量出牛奶的液面到瓶底的高度，牛奶在瓶子圆柱形部分占的高度和第二次量的空余部分占瓶子圆柱形部分的高度相加，就是整个牛奶瓶容积的圆柱形高度。这样，就可以用牛奶的高度占整个牛奶瓶高度的百分比算出牛奶占整个瓶子容积的百分比了。

29.如何切蛋糕

先从蛋糕的上面以"十"字形切两刀，把蛋糕平均分成4块，然后再从蛋糕的腰部横切，这样，蛋糕就能切成相等的8份。

30.重量异常的小球

将12个球分别编号为1~12，再把球分成A、B、C3组，每组4个球。A组1、2、3、4，B组5、6、7、8，C组9、10、11、12。取A、B两组在天平上称，有两种可能：第一，1、2、3、4和5、6、7、8相等，那这个球在9、10、11、12中，第二次取9、10、11与1、2、3比较，如相等，则为12，第三次可判断其轻重；如果9、10、11与1、2、3不相等，可知道此球的轻或重，第三次则取9和10比较，如相等，则是12，如不相等，则根据上一步的重量判断结果，找出其中之一。第二，1、2、3、4和5、6、7、8不相等。要先弄清楚是哪一边重，看第二步。第二步假设是1、2、3、4这边重，将1、2、5与3、4、6拿来称，如果相等，则在7、8中，且这个是轻的，第三次只要将7和8拿来称，哪个轻就是哪个。如果不相等，要是1、2、5这边重，则第三步拿1与2比较，如果1和2相等，则这个异常的小球肯定是6，如果1和2不相等，则是其中更重的一个。反之亦然。

31.必胜秘诀

第一枚棋子放在棋盘的正中间，也就是围棋盘的天元上。此后，无论对方在中心点之外选取哪一点放棋子，你都可以以中心点为对称点，找到对方棋子的一个对称点。这样，只要对方能找到放棋子的位置，你同样也能找到相应的位置。这样，你就肯定能获胜。

32.匪夷所思的答案

老年人和年轻人是父女关系。之所以很多人对此题久思而未得其解，那是自己陷入了逻辑思维障碍的陷阱，错误地接受了题目的心理暗示，认为那个年轻人是男性。其实题目中没有任何条件说明这个年轻人是男性。

33.旅馆迷案

凶手开枪时，被害者正背对着窗子弯腰，子弹射穿了她的大腿并进入胸部，所以表面上看好像是中了两枪。

34.孪生姐妹

丁丁没有撒谎。姐姐是在2001年1月1日出生在一艘由西向东将过国际日期变更线的客轮上，而妹妹则是在客轮过了日界线后才出生的。那时的日期还是处在2000年12月31日。所以，按年月日计算，妹妹要比姐姐早出生。

35.盲人分衣服

把衣服放在太阳下晒，由于黑色更吸光，只要在阳光下晒一会儿，温度就会比白色衣服的高一些。所以热一些的就是黑衣服。

36.三兄弟的房间

把3个房间命名为甲、乙、丙，小明三兄弟分别拿一个房间的钥匙，再把剩下的钥匙这样安排：甲房间内挂乙房间的钥匙，乙房间内挂丙房间的钥匙，丙房间内挂甲房间的钥匙。这样，无论谁先到家，都能凭自己掌握的一把钥匙进入3个房间。

37.两个电话

这个问题的答案有好多种。例如在晚上11点57分左右，第一个朋友问他"今天足球赛的结果如何？"然后过了12点进入新的一天，另一个朋友打来电话问同样的问题。

38.最大的数

3的21次方。怎么样，是不是比你的答案要多许多呢？

39.迷宫

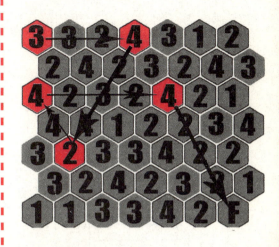

40.新手司机

从其他3个轮胎上各取下1枚螺丝钉，用3枚螺丝钉去固定准备换上去的备用轮胎。

41.果汁怎么分

方法一：把4个半杯的倒成2个满杯的果汁，这样，满杯的有9个，半杯的有3个，空杯子的有9个，3个人就能平分了。

方法二：把7个满杯的各分一半到7个空杯子里，这样就有21个半杯的果汁，3个人也能平分了。

42.谁的路程短

如果不考虑街巷的宽度，单从理论推算的话，两人走的路程是一样长的。但实际上，皮皮走的路程要短些，因为街巷不是一条细细的直线而是有宽度的，路面越宽，皮皮走的路就越直，即可选择斜边走，而琪琪走的是两直角边，而斜边是小于两直角边之和的。

43.聪明的儿子

儿子说："如果我正直的话，就不会被

神遗弃，如果我不正直，就不会被大众所背叛。所以不论如何，我都不会被背叛的。"这位坚强的儿子不但不放弃，还利用这番话中的盲点说服了他的母亲。

44.你能从A走到B吗

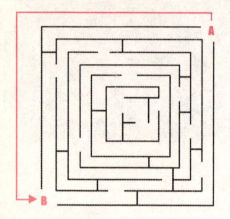

45.预测机可靠吗

局长说："预测机下一个预测结果会亮红灯。"如果预测机亮红灯表示"不会"，那么预测机就预测错了，因为事实上它已经亮起了红灯。如果它亮绿灯说"会"，这也错了，因为实际上亮的绿灯，而不是红灯。这样预测机就预测不准确了。

46.兄弟姐妹

他们家有3个女孩，4个男孩。

47.爱说谎的兔子

甲2岁；乙4岁；丙3岁；丁1岁。

如果丙兔子说的是假话，丙就比甲年龄小，而且甲就是1岁，这是不可能的。所以丙兔子的话是真的，即甲不是1岁，丙比甲的年龄要大。如果甲的发言是真的话，就是乙3岁，甲要比乙年龄大就是4岁，这与上面的分析是矛盾的。所以，甲的话是假的，乙也不是3岁，甲比乙年龄要小。根据上面的分析结果，推出乙是4岁，甲是2岁，丙是3岁，而丁就是1岁。

48.天使与魔鬼

甲是人，乙是天使，丙是魔鬼。魔鬼总是说假话，所以魔鬼不可能是甲、乙，只能是丙。其次，天使只能是乙，因为对天使来讲，甲是假话。

49.聪明的鹦鹉

罗伯特来自A国；丽萨来自B国；艾米来自C国。假设艾米来自A国，那丽萨来自B国，罗伯特来自C国，而根据题意，C国鹦鹉先真后假，"艾米来自C国"为真，显然有冲突。假设丽萨来自A国，那罗伯特来自B国，艾米来自C国，而根据题意，B国只说假话，显然又有冲突。所以只有罗伯特来自A国的假设才成立。

第二部分　逻辑推理谜题

50.哪句是真话

警察在车厢里发现一伙人在赌博，他们是张三、李四、王五、阿七。在审问他们谁是老大时，他们的回答各不相同。

张三说："老大是王五。"

李四说："我不是老大。"

王五说："李四是老大。"

阿七说："张三是老大。"

经过一番了解，警察确认这伙人中只有一个人说的是实话，其他三人说的都是假话。

警长问警员："你知道他们当中谁是老大吗？"

警员指着一个人说："是他。"

请问：你知道"他"是谁吗？

51.弹珠之谜

一个玻璃瓶里一共装有44颗弹珠，其中：白色的2个，红色的3个，绿色的4个，蓝色的5个，黄色的6个，棕色的7个，黑色的8个，紫色的9个。

如果要求每次从中取出1个弹珠，从而得到两个相同颜色的弹珠，请问最多需要取几次？

52.爱因斯坦的谜题

这是爱因斯坦在20世纪初提出的谜语，据说当时世界上有98%的人回答不出来。

（1）在一条街上，有5座房子，喷了5种颜色。

（2）每座房子里住着不同国籍的人。

（3）每个人喝不同的饮料，抽不同品牌的香烟，养不同的宠物。

提示：

（1）英国人住红色房子。

（2）瑞典人养狗。

（3）丹麦人喝茶。

（4）绿色房子在白色房子左面的隔壁。

（5）绿色房子主人喝咖啡。

（6）抽长红香烟的人养鸟。

（7）黄色房子主人抽登喜路香烟。

（8）住在中间房子的喝牛奶。

（9）挪威人住第一间房。

（10）抽骑士香烟的人住在养猫的人的隔壁。

（11）养马的人住抽登喜路香烟的人的隔壁。

（12）抽七星香烟的人喝啤酒。

（13）德国人抽骆驼香烟。

（14）挪威人住蓝色房子的隔壁。

（15）抽骑士香烟的人有一个喝水的邻居。

问题是：谁养鱼？

小朋友，你知道答案吗？

53. 乌龟赛跑

有甲、乙、丙、丁4只乌龟，它们在本周进行了例行赛跑。上一次比赛没有出现两只乌龟"并列第一"的情况，这次也一样。而且，上回的第一名不是丙乌龟。

4只乌龟所言如下，在这次比赛中，名次下降的乌龟撒谎了，名次没有下降的乌龟说了实话。不巧的是，它们的对话被兔子听到了。根据兔子的叙述，推测一下4只乌龟在上次和这次比赛中分别是第几名。

甲："乙上次是第二名。"

乙："丙这次是第二名。"

丙："丁这次比上次名次上升了。"

丁："甲这次名次上升了。"

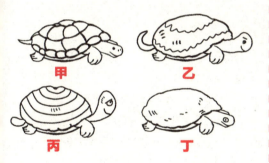

甲　　　乙

丙　　　丁

54. 分工协作

兄弟4人去野炊，他们一个在烧水，一个在洗菜，一个在淘米，一个在担水。现在，老大不担水也不淘米；老二不洗菜也不担水；如果老大不洗菜，那么老四就不担水；老三既不担水也不淘米。

小朋友，请想一想，他们每个人在做什么呢？

55. 天外来客

有一天，在广阔的西伯利亚出现了一艘弹头式宇宙飞船，随后从上面下来5个穿着奇异服装的稀客，有两个人是火星人，其余的是水星人。

面对新闻媒体的热烈采访，5个人的发言如下。其中的4个人说了真话，有一人在撒谎。

阿波罗说："泰勒和比尔两者中只有一个是火星人。"

泰勒说："比尔和费卢中有一个是水星人。"

比尔说："莱布和费卢中有一个是水星人。费卢和阿波罗来自不同星球。"

费卢说："比尔和莱布至少有一个人是火星人。"

莱布说："阿波罗和泰勒之中有一个是火星人。"

小朋友，你知道谁撒谎了吗？

56.真正的老实人

在老王、老张、老李、老林和老刘这5个同事中，有两个是绝对不说谎的老实人，但是另外3个人是骗子，所说的话里一定有谎话。下面是他们5个人所说的话：

老王：老张是个骗子。

老张：老李是个骗子。

老李：老刘是个骗子。

老林：老王和老张他俩都是骗子。

老刘：老王和老林两个可都是老实人。

小朋友，请你根据他们所说的这些话，找出哪两个是真正的老实人。

57.你就是天使

这是一个简单的填字游戏，只要把a-n-g-e-l（天使）这5个字母填入下面5×5的迷宫中，而且每行、每列都要包含angel这5个字母，只要你高兴，你就是天使。

58.皮皮的生日

一位阿姨问皮皮的生日，皮皮想了一会儿说："昨天我是11岁，明年我就是13岁了。"

请问：皮皮的生日是哪一天？阿姨又是在哪一天问的皮皮的年龄呢？

59.花瓣游戏

有两个女孩摘了一朵有着13片花瓣的圆形花，两人可以轮流摘掉一片花瓣或相邻的两片花瓣，谁摘掉最后的花瓣，谁就是赢家，并以此来预测未来的婚姻是否幸福。实际上，只要掌握一定的技巧，就能让自己永远是赢家。

小朋友，你知道是什么技巧吗？

60.欲盖弥彰

一个初秋的早晨，在森林里一棵大树下的一顶帐篷里，警察发现了失踪的地质队员的尸体，他好像是在这里被人杀死的。然而，得知他是个地质队员后，警察只看了一眼现场，就马上下了结论："罪犯是在其他地方作案的，然后又将尸体转移到了这里，伪装成在帐篷里被杀的假象。"

小朋友，你知道警察做出这一结论的理由是什么吗？

61.买了些什么

东东、西西和南南去商店买文具，他们每人买的文具不是铅笔就是笔记本。已知下列情况：

（1）如果东东买的是铅笔，那么西西买的就是笔记本。

（2）东东或南南买的是铅笔，但是不会两人都买铅笔。

（3）西西和南南不会两人都买笔记本。

小朋友，你知道谁买的是铅笔，谁买的是笔记本吗？

62.令人疑惑的亲兄弟

一栋楼里住着4户人家，每家各有两个男孩。这4对兄弟中，哥哥分别是甲、乙、丙、丁，弟弟分别是A、B、C、D。一天，有一个人问道："你们究竟谁和谁是亲兄弟呀？"乙说："丙的弟弟是D。"丙说："丁的弟弟不是C。"甲说："乙的弟弟不是A。"丁说："他们3个人中，只有D的哥哥说了实话。"丁的话是可信的，这个人想了好半天，也没有把他们区分出来。小朋友，你能区分出来吗？

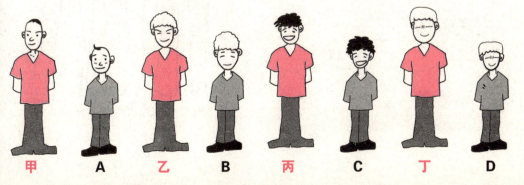

甲　　A　　乙　　B　　丙　　C　　丁　　D

63.谁在说谎

汤姆是一艘巨型轮船"伊丽莎白"号的主人。一天，他邀请业界的好友乘坐他的游轮去日本旅游。正当大家满心欢喜地谈笑时，汤姆的一位好友大声喊道："汤姆先生，您的装着机密文件的公文包丢了！"

汤姆闻声赶来，立刻把船上的5名船员叫了过来，并一一询问事情的经过。

船长称自己刚才在驾驶舱里，一直没有出去，有录像带可以为他作证。

技师说他一直在机械舱中给游轮的发动机做保养，以便游轮能一直保持稳定的速度前进，可是没有人可以为他作证。

电力工程师对汤姆说，他刚才在顶层的甲板上更换日本国旗，可是刚挂上去，就发现国旗挂倒了，于是又挂了一次，有日本国旗可以为他作证。

还有两名船员称自己在休息舱内打牌，两个人可以互相作证。

汤姆听了这5个人的陈述，立刻知道了是谁在说谎，并且让他交出了装有机密文件的公文包。

小朋友，读到这里，你知道他们5个人中，谁在说谎吗？

64.幸运的姑娘们

一个探险家有一次分别从3只恶狼的狼爪下救出了3位姑娘。现在只知道：

（1）被救出的姑娘分别是依云、农夫家的女儿和从白狼爪下救出来的姑娘。

（2）李琳不是书店家的女儿，茉莉也不是开宾馆家的女儿。

（3）从黑狼爪下救出来的不是书店家的女儿。

（4）从红狼爪下救出来的不是李琳。

（5）从黑狼爪下救出来的不是茉莉。

根据上面的条件，请你说说这3个姑娘分别来自哪家，又是从哪种颜色的狼爪下被救出来的。

65.发卡是什么颜色

老师拿来3个红发卡和1个紫发卡，并让3位女孩站成一个三角形，让她们闭上眼，然后分别给她们戴上1个红发卡，再将1个紫发卡藏起来。然后老师说："可以睁开眼睛了。"这时，丙可以看到甲、乙头上的发卡，乙可以看到甲、丙头上的发卡，甲也可以看到乙、丙头上的发卡。

问：3个人能不能推算出自己头上戴的发卡的颜色呢？

66.到底谁是主角

汤姆·怀特是一名舞蹈家，他有两个妹妹：贝尔和卡斯，贝尔是舞蹈家，卡斯是歌唱家；怀特的女朋友费伊·布莱克是一位歌唱家，她有两个弟弟：迪安和埃兹拉，迪安是舞蹈家，埃兹拉是歌唱家。已知，他们6人中有一位担任了一部电影的主角，其余5人中的一位是该片的导演。

（1）如果主角和导演是亲属，则导演是个歌唱家；不是亲属，则导演是位男士。

（2）如果主角和导演职业不同，则导演姓怀特；职业相同，则导演是为女士。

（3）如果主角和导演性别相同，则导演是个舞蹈家；性别不同，则导演姓布莱克。

小朋友，你知道他们当中到底谁是电影的主角吗？

67.亲兄弟

有4个男孩（童童、壮壮、可可、丁丁），分别是两对兄弟；童童和壮壮是兄弟，可可和丁丁是兄弟。他们4个人说了下面的话，如果是关于兄弟的话都是真实的，如果不是关于兄弟的话都是假的。

跑步的男孩说："拿着长笛子的男孩是可可。"

拿着长笛的男孩说："溜冰的男孩是丁丁。"

溜冰的男孩说："拿着书的男孩是童童。"

拿着书的男孩说："拿着长笛子的男孩不是丁丁。"

根据以上对话，请说出这几个男孩分别是谁，谁和谁又是亲兄弟呢？

68.魔女们的宠物狗

小林、小欢、小安和小丹，4个小魔女每人都养了小狗，但是数量各不相同，而且她们眼睛的颜色和她们中意的魔女服装的颜色都各不相同。

小狗的数量有：1只、2只、3只、4只。

眼睛颜色分别是：灰色、绿色、蓝色、红色。

服装颜色分别是：黑色、红色、紫色、茶色。

请根据如下条件判断她们每个人眼睛的颜色、魔女服装的颜色、饲养小狗的数量。

（1）灰色眼睛的魔女和黑色服装的魔女和小欢共有8只小狗。

（2）绿色眼睛的魔女和红色服装的魔女和小安共有9只小狗。

（3）红色眼睛的魔女和茶色服装的魔女和小丹共有7只小狗。

（4）紫色服装的魔女的眼睛不是灰色的。

（5）小安的眼睛不是蓝色的。

（6）小欢的眼睛是红色的。

69.多多的玩具

多多喜欢买玩具，她的房间已经变成了一个玩具的世界。

在她的玩具中：扔掉两只之后就只剩下狗了；再换两只扔掉，就只剩下熊猫了；再换两只扔掉，就剩下洋娃娃了。

小朋友，你知道多多到底有一些什么玩具吗？

70.巧遇天使

一个旅行者遇到了甲、乙、丙3位美女，他不知道哪个是天使，哪个是魔鬼。天使只会说真话，魔鬼只会说假话。

甲说："在乙和丙之间，至少有一个是天使。"

乙说："在丙和甲之间，至少有一个是魔鬼。"

丙说："我告诉你正确的消息吧。"

你能判断出有几个天使吗？

71. 身份谜云

在一次国际性的户外活动中，聚集了几个国家的人。现在我们知道，所有的英国人都穿了西装；所有的美国人都穿了休闲服；没有既穿西装又穿休闲服的人；杰克穿了休闲服。

根据以上条件，下面哪个说法一定是正确的呢？

杰克是英国人；

杰克不是英国人；

杰克是美国人；

杰克不是美国人。

72. 花店

情人节的黄昏，你站在一条陌生的街道上，想要找一家花店为心上人买一束鲜艳的玫瑰。在你的对面有5家连在一起的门店，它们都没有招牌也没有玻璃窗，你无法看到里面的任何东西。你知道这5家店分别是茶店、书店、酒店、旅店和你要找的花店，并且知道下列条件：

（1）茶店不在花店和旅店的旁边；

（2）书店不在酒店和旅店的旁边；

（3）酒店不在花店和旅店的旁边；

（4）茶店的房子是没有颜色的。

你的心上人还在等着你，你没有足够的时间一家一家地进去看。那么，你能在最短的时间里找出花店，为她买到鲜艳的玫瑰花吗？

73. 是谁做的总结

3个小朋友在玩游戏时打赌，游戏结束后，其中一个人做了下面的总结：

（1）第一次游戏结束时，甲从乙那里赢了相当于甲原有数目的金额。

（2）第二次游戏结束时，乙从丙那里赢了相当于乙手头原有数目的金额。

（3）第三次游戏结束时，丙从甲那里赢了相当于丙手头原有数目的金额。

（4）现在我们每人拥有的金额一样多。

（5）游戏开始前，我有50元。

小朋友，请你推断一下，到底是谁做的总结呢？

74. 真凶在哪里

一场混乱的枪战之后，某诊所里冲进一个陌生人。他对医生说："我刚才穿过大街时突然听到枪声，只见两个警察在追一个逃犯，我也加入了追捕。但是，我们在你诊所后面的那条死胡同里遭到逃犯的伏击，两名警察被打死，我也受伤了。"医生从他背部取出一粒子弹，并把自己的衬衫给他换上，然后又将他的手臂用绷带吊在胸前。

这时，一名刑警和一个目击者跑了进来。目击者朝陌生人喊："就是他！"刑警拔枪对准了陌生人。陌生人忙说："我是帮你们追捕凶手的。"目击者说："你背部中弹，说明你就是凶手！"

在一旁目睹一切的亨利侦探对刑警说："这个伤者不是真凶！"

那么，谁才是真凶呢？小朋友，你知道吗？

75. 说谎的凶手

侦探小说作家S先生一天晚上在家里写小说时，被人用棒球棍从背后打死。书桌上的一盏灯亮着，窗户紧闭。

报案的是住在对面公寓里的张某。他对赶到现场的警察说："当我从房间向外看时，无意间发现S先生书房的窗口有个影子高举着木棍，我感觉不妙，所以赶紧给你们打了电话。"

但聪明的刑警听了以后却说："你说谎！你就是凶手！"说罢，便将张某逮捕归案。

小朋友，你知道张某说谎的证据在哪里吗？

76.小猫的名字

在下面的宠物照片中，有6只小猫，它们的长相看起来很相似，但名字却是不一样的。

（1）叫作"咪咪"的在后面一排。

（2）叫作"花花"和"球球"的在同一排。

（3）叫作"花花"的不是D，并且在"咪咪"的左边。

（4）"球球"的右端，是C或F，"黑黑"在中央位置（就是B或E）。

（5）"忽忽"在"兰兰"的右侧。

请问A、B、C、D、E、F6只猫分别叫什么名字。

77.谁是贫困生

珍珍、倩倩和莉莉是同一所大学的学生，她们中有两位非常聪慧，有两位非常有气质，有两位是才女，有两位家境富裕。每个人只有3个令人注目的特点：

（1）对于珍珍来说，如果她非常聪慧，那么她家境富裕。

（2）对于倩倩和莉莉来说，如果她们非常有气质，那么她们也是才女。

（2）对于珍珍和莉莉来说，如果她们是家境富裕的，那么她们也是才女。

学校需要找出一名贫困生给予助学金，你知道她们3个人中，谁是贫困生吗？

78.名人的苦恼

某个名人家的门铃声整天不断，令其苦不堪言。于是，他请一位朋友想办法帮忙。

这位朋友帮名人在大门前设计了一排6个按钮，其中只有1个是通门铃的。来访者摁错后，整个电铃系统将立即停止工作。

在大门的按钮旁边，贴有一张告示，上面写着：A在B的左边；B是C右边的第三个；C在D的右边；D紧靠着E；E和A中间隔一个按钮。请摁上面没有提到的那个按钮。

这六个按钮中，能让门铃响的按钮处于什么位置呢？

79.自作聪明的绑匪

某公司老板的儿子被绑架了，对方要求用10万美元来交换。绑匪在电话中说：你把钱包好，用普通邮件在明天上午寄出，我的地址是：……

老板马上报了案。为了不打草惊蛇，警察做了一番伪装后，来到罪犯所说的地址。然而奇怪的是，这儿有地区名、街名，却没有罪犯说的门牌和收件人。警察经过研究，马上确定了嫌疑犯，并很快找到证据，将其抓获，救出了人质。那么，这个绑匪到底是谁呢？小朋友，你猜到了吗？

80.玛丽的朋友

玛丽气质高雅、乐于助人，是班上9个同学希望交往的对象。而且这9个人中，有一个人是玛丽真正的朋友。下面是这9个人的话，假设其中只有4个人讲了实话，那么究竟谁才是玛丽真正的朋友呢？

A：我想一定是G。

B：我想是G。

C：我是玛丽真正的朋友。

D：C在说谎。

E：我想一定是I。

F：不是我也不是I。

G：F说的是实话。

H：C是玛丽真正的朋友。

I：我才是玛丽真正的朋友。

81.神秘岛

有一位商人想到一个盛产美女的神秘岛上娶一位妻子。岛上的居民可分为：永远说真话的君子；永远撒谎的小人；有时讲真话、有时撒谎的凡夫。商人从甲、乙、丙3人中选1个做妻子。这3位美女中有一位是君子，一位是小人，一位是凡夫，但凡夫是由狐狸变的美女。按照岛上的规定，君子是第一等级，凡夫是第二等级，小人是第三等级。岛上的长老允许商人从3位美女中任选1位，并向她提一个问题，而这个问题只能用"是"或"不是"来回答。

请问：商人应该问一个什么问题才能保证不会娶到由狐狸变成的凡夫呢？

82.谁家的小狗

德拉家和卡卡家共有4条狗（名字分别是多多、依依、咪咪、汪汪），主人喜欢把它们打扮得漂漂亮亮的。一天，它们说了下面的话，在这些话中，如果是关于自己家的话就是真实的，如果是关于别人家的话，就是假的。

穿棕衣服的狗狗：穿黄衣服的是多多，穿白衣服的是依依。

穿黄衣服的狗狗：穿白衣服的狗狗是咪咪，穿灰衣服的狗狗是汪汪。

穿白衣服的狗狗：穿灰衣服的狗狗是多多。

穿灰衣服的狗狗：穿棕衣服的狗狗是多多，穿白衣服的狗狗是卡卡家的狗狗。

请问，这四条狗狗分别是谁家的呢？

83.狡猾的囚犯

从前有个国王，想处死一个囚犯，他决定让囚犯自己选择是砍头还是绞刑。选择的方法是，囚犯可以说出一句话，而且必须马上能判断出这句话的真假，如果是真话，就处绞刑，如果是假话，就砍头。

这名囚犯是极其聪明的人。他来到国王面前问：如果我说了一句话，你们既不能绞死我，也不能砍我的头，怎么办？

"如果真是那样的话，我就放了你。"国王说。

囚犯说了一句话，果然十分巧妙。国王听了左右为难，但又不能言而无信，只好把这个狡猾的囚犯给放了。

小朋友们，你知道这个狡猾的囚犯说的是什么吗？

84.豪华游轮谋杀案

一艘豪华客轮正在太平洋上航行，一天早晨，人们在船尾的甲板上发现了一具女尸。死者是以服装设计为业的崔素美，她是被人用刀刺死的。死亡时间大约在前一晚的11点左右。

客轮正航行在太平洋的中央，即使想利用救生艇逃走，也不见得能保住性命，所以凶手应该还在客轮上，但凶手为什么要留下尸体呢？在这些船客中，有两个人有谋杀崔素美的动机。崔达明是被害人之侄，也是遗产的继承人，因为嗜赌如命，欠了别人一屁股债。

阿欣是被害人的秘书，由于侵占公款，被革职不久。

小朋友，请你根据以上提供的资料，推理看看，谁是杀死崔素美的凶手呢？

85.年龄的秘密

A、B、C3人的年龄一直是个秘密。将A的年龄数字的位置对调一下，就是B的年龄；C的年龄的两倍是A和B两个年龄的差数；而B的年龄是C的10倍。

小朋友，你算出来A、B、C3人的年龄各是多少了吗？

86.调皮的小伙伴

有甲、乙、丙、丁4个小朋友在踢足球。其中一个孩子不小心把足球踢到了楼上，打碎了李阿姨家的玻璃。李阿姨气愤地走下楼来，问是谁干的。

甲说是乙干的，乙说是丁干的，丙说他没干，丁说乙在撒谎。他们4个人中，有3个人说了假话。小朋友，你知道到底是谁打碎了李阿姨家的玻璃吗？

87.谁是冠军

去年夏天，兄弟3人分别参加了3项体育竞赛，即体操、撑杆跳和马拉松。

A. 老大没有参加马拉松比赛；

B. 老三没有参加体操比赛；

C. 在体操比赛中获得全能冠军称号的那个孩子，没有参加撑杆跳；

D. 马拉松冠军并非老三。

小朋友，你能根据这些条件猜出谁是体操全能冠军吗？

88.水果密码

警察破译了敌人的密码，已经知道了香蕉苹果大鸭梨的意思是星期三秘密进攻，苹果甘蔗水蜜桃的意思是执行秘密计划，广柑香蕉西红柿的意思是星期三的胜利属于我们。那么，大鸭梨的意思是什么呢？

89.古希腊的传说

这是一个流传在古希腊的传说。有一个美丽的公主在河边洗澡，当她洗完后，发现放在岸边的衣服被人偷走了。关于这件事，受害者、旁观者、目击者和求助者各有说法。她们的说法如果是关于受害者的就是假的，如果是关于其他人的就是真的。请你根据她们的说法判定一下她们各自的身份。

玛丽：瑞利不是旁观者。

瑞利：劳尔不是目击者。

露西：玛丽不是救助者。

劳尔：瑞利不是目击者。

90.吝啬鬼的把戏

有一个吝啬鬼去饭店吃面条，他花了1元钱点了1份清汤面。面上来后，他又要求换1碗两元钱的西红柿鸡蛋面。服务员对他说："你还没有付钱呢！"

吝啬鬼说："刚才不是付过了吗？"

服务员反驳："刚才你付的是1元钱，而这碗面是两元钱的，还差1元钱呢。"

吝啬鬼说："没错，我刚才付了1元钱，现在又把值1元钱的面还给了你，不是刚好吗？"

服务员又说："那碗面本来就是店里的呀！"他说："对呀，我不给你了吗？"

这么简单的账怎么就弄糊涂了呢？难道吝啬鬼真的不需要付钱了吗？

91.孤独的小女孩

唐唐是一个非常可爱的女孩子，这个星期从周一到周四，她的爸爸妈妈都出差，只有她一个人在家。幸好妈妈准备了足够的面包给她当作干粮。唐唐在周一到周四的4天中每天都吃面包。她每天都吃椰蓉面包和豆沙面包。每天吃的椰蓉面包的数量各不相同，在1~4个之间。而且，吃的豆沙面包的数量每天也不一样，在1~5个之间。

根据以下条件，说出唐唐每天分别吃了哪种面包，吃了多少个？

（1）一天中吃掉的面包总数随着日期的增加而每天增加一个。

（2）星期一吃了3个椰蓉面包；星期二吃了1个椰蓉面包；星期四吃了5个豆沙面包。

（3）4天中吃的每种面包的数量也都不一样。

92. 谁偷走了邮票

王克是一位收藏家。一天，他和妻子回家，发现房门被撬，急忙推门进去，正好抓住了准备逃跑的窃贼。他们报警后，警官赶到现场。王克说保险柜里的几枚邮票不见了。窃贼气呼呼地说："我是来行窃的，不过邮票是别人盗走的。"警官不信他的话，又与王克夫妇仔细地检查房间，结果找到了一个纸口袋。他们将纸口袋里里外外查看了一遍，发现纸袋底部有一些鸟粪。

警官立刻给窃贼戴上了手铐说："走吧，现在就到你家去取邮票。"王克夫妇愣住了，不知道邮票怎么一下子就到了窃贼家里。

小朋友，请你告诉这对夫妇，这到底是怎么回事呢？

93. 如何就座

老实先生一家共五口人某天中午一起吃饭，爷爷先在圆形的餐桌前坐了下来，问其他4个人要怎么坐。

妈妈：我坐女儿旁边。

爸爸：我坐儿子旁边。

女儿：妈妈是在弟弟的左边。

儿子：那我右边是妈妈或姐姐。

没想到，他们连这个都要撒谎，请问，他们一家人到底是怎么坐的呢？

94. 果汁在哪儿

有4个瓶子分别装有白酒、啤酒、可乐、果汁，但是装有果汁的瓶子上的标签是假的，其他的瓶子上的标签是真的。那么每个瓶子里分别装的是什么东西呢？

甲瓶子上的标签是：乙瓶子里装的是白酒。乙瓶子的标签是：丙瓶子里装的不是白酒。丙瓶子的标签是：丁瓶子里装的全是可乐。丁瓶子的标签是：这个标签是最后贴上的。

乙瓶子里装的是白酒　丙瓶子里装的不是白酒　丁瓶子里装的全是可乐　这个标签是最后贴上的

甲　　　乙　　　丙　　　丁

95. 同学的职务

甲、乙、丙3人是同班同学，其中一个是班长，一个是学习委员，一个是小组组长。现在我们知道：丙比组长年龄大，学习委员比乙年龄小，甲和学习委员不同岁。

小朋友，你知道他们3个人分别在班里担任着什么职务吗？

96.桶里的水

琳达和她的男朋友一起出国旅游，在一个晴朗的午后，他们来到异国的一个小村庄里找水喝。在这个村子里他们遇到一个男孩和一个女孩抬着一桶水，在他们当中，有一个是只说实话的，另一个则只说谎话。琳达想知道他们抬的那桶水可不可以喝，就走过去对那个男孩说："今天的天气不错。"

"是的。"男孩回答。

"我们可以喝桶里的水吗？"

"可以。"

请问，他们桶里的水能不能喝呢？

97.谁是幸运者

学校来了A、B、C、D、E5位应聘舞蹈老师的女士。她们当中有两位的年龄超过了30岁，另外3位小于30岁。而且有两位女士曾经是老师，其他3位是秘书。现在，只知道A和C属于相同的年龄档，而D和E属于不同的年龄档。B和E的职业相同，C和D的职业不同。但是，校长只想挑选一位年龄大于30岁的担任舞蹈老师。小朋友，你猜猜究竟谁是幸运者呢？

98.分辨职业

一个小院里住着3户人家，他们是王海、李江和蒋芳。其中，蒋芳住在两家的中间。一个人是木匠，一个人是瓦匠，还有一个是鱼贩，可是，谁也不知道他们3人各从事的是什么职业，只是听说鱼贩在王海外出时，到处追赶王海饲养的猫。而李江每次带女朋友到家里，木匠总是吃醋，咚咚地敲李江的墙。小朋友，你能在5分钟内分辨出他们3人的职业吗？

99.猜猜看

沿着商业街的两边有1、2、3、4、5、6共6家店。其中，1号店和其他店的位置有着这样的关系：

（1）1号店的旁边是书店。

（2）书店的对面是花店。

（3）花店的隔壁是面包店。

（4）4号店的对面是6号店。

（5）6号店的隔壁是酒吧。

（6）6号店与文具店在道路的同一边。

小朋友，请认真想一想，1号店是什么店呢？

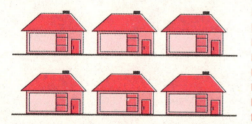

100.巧排座位

在某外国语学院举行的圣诞节联欢晚会上，一个圆桌周围坐着5个人。

A是中国人，会英语；B是法国人，会日语；C是英国人，会法语；D是日本人，会汉语；E是新西兰人，只会说英语。

现在，你能巧妙地为他们安排座位，让他们彼此间能顺利交谈吗？

101.令人困惑的指示牌

篮球场、健身房和足球场是从教室通往宿舍的3个必经地点。

一天，新生琪琪来到篮球场，看到一个指示牌，上面写着：到健身房400米，到足球场700米。她很受鼓舞，继续往前走。

但当她走到健身房时，发现这里的指示牌上写着：到篮球场200米，到足球场300米。聪明的她知道肯定是哪里出了问题，因为两个指示牌有矛盾的地方。

她继续朝前走，当她到达足球场后，看到这里的路标上写着：到健身房400米，到篮球场700米。

琪琪感到困惑不解，她顺便问了一个过路的老师。老师告诉她，沿途的这3个指示牌，其中一个写的都是假话，另一个写的都是真话，剩下的那一个写的一半是假话，一半是真话。

小朋友，你能指出哪块指示牌写的都是真话，哪块指示牌写的都是假话，哪块指示牌写的一半是真话，一半是假话吗？

102.谁是智者

甲、乙、丙3个人中，其中一个且只有一个是智者。他们一起参加了语文和数学两门考试。

甲说："如果我不是智者，我将不能通过语文考试；如果我是智者，我将能通过数学考试。"

乙说："如果我不是智者，我将不能通过数学考试；如果我是智者，我将能通过语文考试。"

丙说："如果我不是智者，我将不能通过语文考试；如果我是智者，我将能通过语文考试。"

考试结束后，成绩证明了这3个人说的都是真话，并且智者是3人中唯一通过这两门科目中某门考试的人，也是3个人中唯一的一个没有通过另一门考试的人。

小朋友，你现在知道这3个人中，究竟谁是智者了吗？

103.奇怪的城镇

某国有一个城镇里的人喜爱休闲。这个城镇只有一家便利店、一家折扣商场和一家邮局。每个星期，只有一天全部开门营业。

（1）3家单位每星期各开门营业4天。

（2）3家单位没有一家连续3天营业。

（3）星期天这3家单位都停止营业。

（4）在连续的6天中：第一天折扣商场停止营业；第二天便利店停止营业；第三天邮局停止营业；第四天便利店停止营业；第五天折扣商场停止营业；第六天邮局停止营业。

有一个人初次来到这个城镇，又要去折扣商场买衣服，又要去便利店，还要去邮局。请问：他该选择星期几出门能一天就把事办完呢？

邮局　　　便利店　　　折扣商场

104.真假难辨

在一个虫子不太多的日子里，黄鸟、白鸟、黑鸟、绿鸟4只鸟，还是想方法各自捉到了一条虫子。虫子的长度各不相同，分别是3厘米、4厘米、5厘米、6厘米。以下是4只鸟的话，其中，捉到红色虫子的两只鸟说的是真话，捉到黑色虫子的两只鸟说的是假话。

黄鸟："我捉的虫子有4厘米或者5厘米长。"

白鸟："黑鸟捉的虫子是3厘米的红虫子。"

黑鸟："绿鸟捉的虫子是5厘米的黑虫子。"

绿鸟："白鸟捉的虫子是4厘米的红虫子。"

请问，每只鸟分别捉到了什么颜色的、长度是多少的虫子呢？

105. 避暑山庄

甲、乙、丙、丁4人上个月不同时间入住到避暑山庄,又在不同的时间离开。现在知道:

(1)滞留时间(比如从7日入住,8日离开,滞留时间为2天。)最短的是甲,最长的是丁。乙和丙滞留的时间相同。

(2)丁不是8日离开的。

(3)丁入住的那天,丙已经住在那里了。

入住时间:1日、2日、3日、4日。离开时间:5日、6日、7日、8日。

根据以上条件,你知道这4个人的入住时间和离开时间各是哪天吗?

106. 韩教授一周的行程

下个星期韩教授的活动安排是:参观科技馆,去税务所,去医院看外科,还要去宾馆午餐。宾馆是在星期三停止营业;税务所是星期六休息;科技馆在周一、三、五开放;外科大夫每逢周二、五、六坐诊。那么,小朋友,你知道韩教授应该在星期几才能一天之内完成所有事情呢?

107. 谋杀富翁

一个富翁在寓所遇害,4个嫌疑人受到警方传讯。警方有充足的证据证明,在富翁死亡当天,这4个人都单独去过一次富翁的寓所。在传讯前,他们共同商定,每人向警方做的供词条条都是谎言。这几个人所做的供词是:

约翰:我们4个人谁也没有杀害富翁。我离开富翁寓所的时候,他还活着。

罗伯特:我是第二个去富翁寓所的。我到达寓所的时候,他已经死了。

丹尼:我是第三个去富翁寓所的。我离开寓所的时候,他还活着。

默里森:凶手不是在我去富翁寓所之后离开的。我到达富翁寓所的时候,他已经死了。

小朋友,你现在知道这4个人中到底是谁杀害了富翁吗?

108.淑女裙的颜色

敏敏最近买了一条新款淑女裙。朋友们急着想一睹风采，可敏敏还想卖个关子，只给朋友们一个提示：她的这条裙子的颜色是红、黑、黄3种颜色其中的一种。

"敏敏一定不会买红色的。"小轩说。

"不是黄的就是黑的。"童童说。

"那一定是黑的。"小凡说。

敏敏听了朋友们的说法，说："你们之中至少有一个人是对的，至少有一个人是错的。"

请问，敏敏的淑女裙到底是什么颜色的呢？

109.三兄弟购物

强强、壮壮和冬冬三兄弟约定在某个周日去商场。他们各自买了不同的东西（书包、CD、英语词典、篮球之中的一个）。

小朋友，请根据3人的发言，推断谁买了什么东西。每个男孩的话都有一半是真话，一半是假话。

强强：壮壮买的不是篮球。冬冬买的不是CD。

壮壮：强强买的不是CD。冬冬买的不是英语词典。

冬冬：强强买的不是书包。壮壮买的不是英语词典。

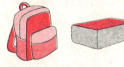

110.谁是司机

A、B、C3人是车上的乘务员、售票员和司机。有一天，车上有3位来自3个不同城市乘客。很凑巧，这3位乘客的姓也是A、B、C，暂且称他们为A先生、B先生和C先生。另外还知道：

（1）C先生住在底特律市。

（2）乘务员住在芝加哥和底特律之间。

（3）住在芝加哥的乘客和乘务员同姓。

（4）乘务员的邻居是车上的一名乘客，这位乘客特别有钱。

（5）B先生一年只挣2000元，他的生活要靠朋友救济。

（6）A的台球打得比售票员好。

小朋友，根据以上信息，请回答：谁是司机？

111.意义相同的句子

"如果只是会说外文，不代表一定是国际人。"下面选项中的句子，哪句话和上面这句话的意思相符？

（1）因为会说外文就可以称得上是国际人了。

（2）不会说外文就不算是国际人。

（3）一个国际人只会说外文是不够的。

（4）一个国际人一定要会说外文。

112. 紧急集合

凌晨两点半，外面响起一阵响亮的集合哨声，还在睡梦中的201宿舍的4个女学生（李佳、刘芳、房华、何琳）慌张地爬起来，结果都穿错了衣服；只有一个人穿对了自己该穿的上衣，还有一个人穿对了自己该穿的下装，而且，没有人把上装和下装全部穿对了。

根据以下条件，请说出她们分别穿了谁的上装和下装。

（1）刘芳只穿了一个人的下装，这个人又穿了李佳的上装。

（2）房华只穿了一个人的下装，这个人又穿了对方的上装。

113. 排队

太平洋里住着6条鲸鱼，分别是甲、乙、丙、丁、戊和己。有一天，它们突发奇想，排成了一列。你能根据下面几个条件判断出它们的顺序么？

1. 己没有排最后，而且它和最后一条鲸鱼之间还有两条鲸鱼。

2. 戊不是最后一位。

3. 甲的前面至少有4条鲸鱼，而且甲鲸鱼也不是最后一位。

4. 丁不是第一位，它的前后都至少有两条鲸鱼。

5. 丙既不是第一位，也不是最后一位。

114. 新手表

皮皮买了一块新手表。他与家中的大挂钟的时间做了一个对照，发现新手表每天比大挂钟慢3分钟。后来，他又将大挂钟与电视的标准时间做了一个对照，刚好大挂钟每天比电视快3分钟。于是，他认为新手表的时间是标准的。下面几个对皮皮推断的评价中，哪一个是正确的呢？

A.由于新手表比大挂钟慢3分钟，而大挂钟又比标准时间快3分钟，所以，皮皮的推断是正确的，他的手表上的时间是准确的。

B.新手表当然是标准的，因此，皮皮的推断是正确的。

C.皮皮不应该拿他的手表与大挂钟对照，而应该直接与电视上的标准时间对照。所以，皮皮的推断是错误的。

D.皮皮的新手表比大挂钟慢3分钟，是不标准的；而大挂钟比标准时间快3分钟，是标准的3分钟。这两种3分钟不是一样的，因此，皮皮的推断是错误的。

E.无法判断皮皮的推断正确与否。

115. 名牌衣服

凯特、吉姆、苏森和乔治来到一家商店选购衣服，售货员介绍："英雄牌每件90美元，豪杰牌50美元，佳人牌100美元，风华牌95美元。"过后，他们高兴地聊了起来。

凯特说："我这件衣服花了90美元。"

"是吗？"买了佳人牌的人说，"我买的比乔治那件价钱要贵。"

"我选择的是最便宜的一种。"另一个人对吉姆说。

"而我买的这件比您买的价钱要低一些。"乔治告诉吉姆。

根据上述对话，小朋友，请你来判断一下他们4个人分别买的是哪种牌子的衣服？

116. 生日派对

在一个生日派对上，准备了3顶蓝帽子和两顶红帽子。在前面扮演小丑的大毛、二毛排成一列站着。大毛后面站着二毛，二毛后面站着三毛。他们3人头上各戴上一顶帽子，剩下的帽子被藏了起来。他们可以看到前面的人帽子的颜色，但看不到自己的。

"三毛，你的帽子是什么颜色？"

"不知道。"

"二毛呢？"

"我也不知道。"

这时候，谁的帽子都看不到的大毛却说："啊！我知道了。"

小朋友，你知道大毛的帽子是什么颜色吗？

117. 凶手是谁

某小区的一位富翁被杀了，凶手在逃。经过艰苦的侦查之后，警察抓到了A、B两名疑凶，另有4名证人在录口供。

证人张先生：A是清白的。

第二位证人李先生：B为人光明磊落，他不可能犯罪。

第三位证人赵师傅：前面两位证人的证词中，至少有一个是真的。

最后一位证人王太太：我可以肯定赵师傅的证词是假的。至于他有什么意图，我就不知道了。

最后警察经过调查，证实王太太说了实话。请问：凶手究竟是谁？

118.超市失窃案

一天，某超市的监控器坏了，但仍在正常营业，店长在巡视的时候发现一个台灯被偷了。警方经过缜密调查，认为甲、乙和丙是怀疑对象。3个人在不同的时间分别受到警方的传讯，3个人各作了一条供词。具体如下：

（1）甲没有偷东西。

（2）乙说的是真话。

（3）丙在撒谎。

供词（1）是最先讲的，供词（2）（3）不一定是按讲话的时间顺序排列的，但它们都是针对在其前面的供词的，目前只知道，他们每个人的一条供词，都是针对另一个怀疑对象，而且盗窃者就是他们当中的一个，他作了伪证。

请问：这3个人中谁是盗窃者呢？

119.谁看了足球赛

5个朋友中只有一个人上周看了足球赛。5个人的对话如下，他们每个人说的3句话中，有两句是对的，一句是错的。根据他们的对话，思考谁看了足球赛？

A：我没有看足球赛。我上周没看过任何足球赛。D看了足球赛。

B：我没看足球赛。我从足球场前走过。我读过一篇足球报道。

C：我没看足球赛。我读过一篇足球评论。D看了足球赛。

D：我没看足球赛。E看了足球赛。A说我看了足球赛，那不是真实的。

E：我没看足球赛。B看了足球赛。我读过一篇足球评论。

120.谁是常胜将军

张老师、他的妹妹、他的儿子，还有他的女儿都是羽毛球能手。关于这些人的情况如下：

（1）常胜将军的双胞胎兄弟或姐妹与表现最差的人性别不同。

（2）常胜将军与表现最差的人年龄相同。

小朋友，这4人中谁是常胜将军呢？

121. 失误的程序员

高先生是一个高级程序员，但是他最近设计的3款机器人却出了一点儿问题：有一个永远都是说实话，有一个永远说谎话，另一个则有时说实话，有时说谎话。高先生不知道怎么分辨它们，就请方博士来帮忙。

方博士随口问了3个问题就知道怎么分辨了。他的问题是：

问左边的机器人："谁坐在你旁边？"机器人说："诚实的家伙。"

问中间的机器人："你是谁？"机器人说："总是犹豫不决的那位。"

问右边的机器人："坐在你旁边的是谁？"机器人回答："说谎话的家伙。"

根据上面的3个问题以及回答，小朋友，你能推测出它们的身份吗？

122. 到底什么关系

一个特别喜欢炫耀的人，每次向别人介绍自己同事的情况时，常这样说：

我和王先生、张先生、李小姐3人之间是直接的上下级关系；

王先生和赵小姐之间是工作关系；

张先生和董先生之间是直接的上下级关系；

李小姐和杜小姐有工作关系；

赵小姐和董先生工作联系多；

董先生和杜小姐工作联系也多；

我常常给王先生、李小姐安排工作任务，董先生给赵小姐安排工作任务；

张先生给董先生安排工作任务；

董先生给杜小姐安排工作任务；

我就从张先生那里接受工作任务。

小朋友，根据这番话，你推断出他们之间分别是什么关系了吗？

123. 谁和谁是一家

有3个三口之家合租了一套房子。丈夫是：老张、老王和老李；妻子是丁香、李平和杜娟；孩子是女孩美美、女孩丹丹和男孩壮壮。已知以下条件：

A. 老张家和李平家的孩子都参加了学校的女子篮球队。

B. 老王的女儿不叫丹丹。

C. 老李和杜娟不是夫妻。

你能判断出他们谁和谁是一家么？

124.谁击中了杀手

拿破仑身边有A、B、C、D、E、F、G、H8个保镖。一次，有个杀手谋杀拿破仑未遂，正在逃跑的时候，8个保镖都开枪了，杀手被其中一个人的子弹击中了，但不知道是谁击中的，下面是他们的谈话：

A："或者是H击中的，或者是F击中的。"

B："如果这颗子弹正好击中杀手的头部，那么是我击中的。"

C："我可以断定是G击中的。"

D："即使这颗子弹正好击中杀手的头部，也不可能是B击中的。"

E："A猜错了。"

F："不会是我击中的，也不是H击中的。"

G："不是C击中的。"

H："A没有猜错。"

事实上，8个保镖中有3个人猜对了。你知道是谁击中了杀手吗？假如有5个人猜对，那么又是谁击中了杀手呢？

125.成绩表

期末考试后，班主任统计了班上最典型的4个人的成绩。

（1）有甲、乙、丙、丁、戊5个等级的评分，4个人中没有评为丁和戊的。

（2）有1个人3科成绩都是甲。

（3）有1个人某科成绩是甲，某科成绩是乙，某科成绩是丙。

（4）有两人两科相同科目的成绩都是甲。

（5）语文成绩中没有乙，数学、英语成绩中没有丙。

（6）江子和雷雷的语文成绩相同。

（7）春春的数学成绩和雷雷的英语成绩相同。

（8）夏雨的成绩中有一科是丙。

（9）江子的英语成绩和夏雨的数学成绩相同。

小朋友，开动脑筋，好好算一算，请列出4人的成绩表。

	语文	数学	英语
宇春	丙		
夏雨			乙
江子		甲	
雷雷		甲	

126.仙女和仙桃

一天，4个仙女手中拿着仙桃，每个人手中仙桃的数量不同，但在4个到7个之间。然后，4个人都吃掉了1个或2个仙桃，结果剩下的每个人拥有的仙桃数量还是各不相同。

4人吃过仙桃后，说了如下的话。其中吃了2个仙桃的人撒谎了，吃了1个仙桃的人说了实话。

西西："我吃过红色的仙桃。"

安安："西西现在手里有4个仙桃。"

米米："我和拉拉一共吃了3个仙桃。"

拉拉："安安吃了2个仙桃。米米现在拿着的仙桃数量不是3个。"

请问，每个人最初有几个仙桃，吃了几个，剩下了几个呢？

127.钻石的颜色

5个魔球里分别装有红、绿、黄、黑、蓝5种颜色的钻石。博士让A、B、C、D、E5个人任猜魔球里钻石的颜色，猜中了就把里面的钻石奖给他。

A说："第二个魔球是蓝色，第三个魔球是黑色。"

B说："第二个魔球是绿色，第四个魔球是红色。"

C说："第一个魔球是红色，第五个魔球是黑色。"

D说："第三个魔球是绿色，第四个魔球是黄色。"

E说："第二个魔球是黑色，第五个魔球是蓝色。"

答案揭晓后，5个人都猜对了一个，且每人猜对的颜色都不同。

小朋友，每个魔球里分别装了什么颜色的钻石呢？

128.今天星期几

一天，同住一个院子里的小朋友们的闹钟同时罢工，所有人都起得很晚。由于大人都出去了，家里又没有日历，他们就在一起讨论今天星期几。

小红："后天星期三。"

小华："不对，今天是星期三。"

小江："你们都错了，明天是星期三。"

小波："今天既不是星期一也不是星期二，更不是星期三。"

小明："我确信昨天是星期四。"

小芳："不对，明天是星期四。"

小美："不管怎么样，昨天不是星期六。"

他们之中只有一个人讲对了，是哪一个呢？今天到底是星期几呢？小朋友，你知道了吗？

129.谁是白马王子

罗萨公主心目中的白马王子是高鼻子、白皮肤、长相帅气的男士。她认识亚历山大、汤姆、杰克、皮特4位男士，其中只有一位符合她要求的全部条件。

（1）4位男士中，只有3人是高鼻子，只有两人是白皮肤，只有一人长相帅气。

（2）每位男士都至少符合一个条件。

（3）亚历山大和汤姆都不是白皮肤。

（4）汤姆和杰克的鼻子都很高。

（5）杰克和皮特并非都是高鼻子。

请问：谁符合罗萨公主要求的全部条件呢？

130.圣诞老人的聚会

5个圣诞老人约好周末参加一次圣诞聚会。他们都不是在同一时间到达约会地点的：A不是第一个到达约会地点；B紧跟在A的后面到达约会地点；C既不是第一个也不是最后一个到达约会地点；D不是第二个到达约会地点；E在D之后第二个到达约会地点。

小朋友，你知道他们到达约会地点的先后顺序吗？

参考答案

50.哪句是真话

如果张三说的是实话，那李四说的也没错；如果李四说的是真的，那张三和阿七的话就无法判断真假；如果阿七说的是实话，那李四的话也是真的；所以，只有当王五说的是实话时，其他3人说的都是假话。因此，李四是老大。

51.弹珠之谜

这个玻璃瓶里装有8种颜色的弹珠，如果真的很不走运，最坏的可能性也是前8次摸到的都是不同颜色的弹珠，这样，第九次摸出来的任何颜色的弹珠，都可以与已摸出的弹珠构成相同颜色的两个弹珠。所以，最多只需要取9次。

52.爱因斯坦的谜题

德国人养鱼。挪威人住黄屋子，抽登喜路，喝水，养猫；丹麦人住蓝屋子，抽骑士，喝茶，养马；英国人住红屋子，抽长红，喝牛奶，养鸟；德国人住绿屋子，抽骆驼，喝咖啡，养鱼；瑞典人住白屋子，抽七星，喝啤酒，养狗。

53.乌龟赛跑

假设丙的话是真话，那么丁的话也是真话了，从而，甲的话也是真话，所以乙上次是第二名，因此，上次的第一名既不是乙也不是丙，所以应该是丁或者甲。但是，无论哪个是上次的第一名，本应该都说真话的丙和丁的话至少有一个会变成假话。所以，丙的话只能是假话（名次下降，而且丁的名次没有上升）。

由于丙不是上次的第一名，这次的名次下降，所以这次是在第三名以下。所以，乙的话是假话，乙的名次也下降了。

假设丁的话是假话，甲的名次没有上升，而同时甲以外的3只乌龟的名次也全部下降，这是不合理的。

所以，可知丁的名次没有变化，根据它的话（真话）可知，甲这次名次上升了。

从甲的话（真话）来看，乙上回是第二名。丙上次既不是第一名也不是第二名而是第三名，这次是第四名，同样名次下降的乙这次是第三名。甲这次是从上次的第四名上升了，丁上次和这次都是第一名。所以，甲这次是第二名。

由此可见：

上次比赛：丁是第一名，乙是第二名，丙是第三名，甲是第四名。

这次比赛：丁是第一名，甲是第二名，乙是第三名，丙是第四名。

54.分工协作

老大洗菜、老二淘米、老三烧水、老四担水。

55.天外来客

假设阿波罗撒谎，从泰勒和比尔的发言来看，比尔和阿波罗是同一星球的，进一步从莱布的发言来看，比尔和泰勒是不同星球的，结果阿波罗的发言反而不是谎言，与前面的假设相矛盾。所以，阿波罗的发言是真实的。同理可证泰勒、比尔、莱布的发言都是真实的。

所以，只能是费卢撒了谎。从而可知，比尔和莱布都是水星人。

由此可推断，泰勒、费卢是火星人；阿波罗、比尔、莱布是水星人。

56.真正的老实人

老王和老李是真正的老实人。

我们先假设老张是老实人。那么，把老李说的话颠倒过来，老刘就变成了老实人。这样一来，老王和老林也都成了老实人，这样就超过题目中给定的只有两个老实人的限制了。那么，假设老林是老实人的话，把老王说的话颠倒过来，老张就成了老实人。但是，照老林的说法，老张应该是个骗子，这样就产生了矛盾。

再假设老刘是老实人，那么老王跟老林就又成了3个老实人，所以也行不通。

57.你就是天使

L	E	A	G	N
A	N	L	E	G
N	L	G	A	E
E	G	N	L	A
G	A	E	N	L

58.皮皮的生日

皮皮的生日是12月31日，阿姨是在1月1日问的皮皮。

59.花瓣游戏

后摘者只要保证花瓣剩下数量相等的两组（两组之间）以被摘除花瓣的空缺隔开，就一定能赢得这个游戏。

比如，先摘的人摘一片花瓣，第二个人再摘取另一组的两片花瓣，留下各有5片的两组花瓣。如果第一个人摘取两片花瓣，则第二个人就摘一片花瓣，同样形成了那种格局。之后，前者摘，后者就在另一组中摘除同样多的花瓣。通过这种办法，她肯定能摘走最后的一片花瓣，最终赢得游戏。

60.欲盖弥彰

警察一看到帐篷支在一棵大树下，就断定为他杀。因为被害人是有经验的地质队员，他不可能在野外将帐篷支在大树底下，因为如果天气骤变，会有遭到雷击的危险。

61.买了些什么

根据条件（1）和（2），如果东东买的是铅笔，那么西西买的就是笔记本，南南买的也是笔记本。这与条件（3）相矛盾。因此，东东买的只能是笔记本。于是，根据条件（2），南南买的只能是铅笔。因此，西西也买了笔记本。

62.令人疑惑的亲兄弟

甲的弟弟是D，乙的弟弟是B，丙的弟弟是A，丁的弟弟是C。

在甲、乙、丙3个人中只有一个人说了实话，而且这个人是D的哥哥，因此乙说的是假话，乙不可能是D的哥哥。由乙说的话得知，丙也不可能是D的哥哥，所以丙说的也是假话，由此可得，丁的弟弟是C。由于甲、乙二人都说了谎，而丁又不是D的哥哥，因此甲一定是D的哥哥，甲说的是实话。也就是说，乙的弟弟是B，丙的弟弟是A。

63.谁在说谎

电力工程师在说谎。因为日本国旗是白底加太阳的图案，没有正反的区别，更不用说出现挂倒了的情况。所以，电力工程师根本没有重新挂国旗，他有足够的时间作案。

在大多数的情况下，只要根据严密的逻辑推理和正确的判断，就能顺利解决问题，需要注意的是，不要遗漏任何细节。

64.幸运的姑娘们

根据（1）、（2）、（4）得出以下3个

组合：

李琳，农夫家的女儿，黑狼；

李琳，宾馆家的姑娘，黑狼；

李琳，宾馆家的姑娘，白狼；

同样，也可以根据条件对依云和茉莉进行组合。

综合一下，就可得出正确答案：李琳是农夫家的女儿，是被探险家从黑狼爪下救出来的；依云是宾馆家的女儿，是被探险家从红狼爪下救出来的；茉莉是书店家的女儿，是被探险家从白狼爪下救出来的。

65.发卡是什么颜色

可以。3个人都能推测出头上发卡的颜色。我们可以简单地分析一下：甲看到两个红发卡，因发卡有3红1紫，还剩下1红1紫，她无法判断。同样的道理，乙与丙也会这样想，这样分析。

既然3个人都无法一下子判断出来，甲就会进一步推想：如果她头上是紫发卡，乙看到1红1紫两个发卡，乙和丙就能判断自己头上发卡的颜色。

同样的道理，乙与丙也会这样分析，从而可断定她们各自头上的发卡都是红色的。

66.到底谁是主角

主角是埃兹拉。这道题关于导演的条件比较多，我们可以假设某个人为导演，总共有6种假设，推出不矛盾的情况则为真实情况。假设一，汤姆是导演。根据（1），导演不是歌唱家，那主角和导演就不能是亲属，得出主角为布莱克姐弟任一。根据（2），显然主角和导演职业不同，主角为费伊或埃兹拉。根据（3），显然主角和导演的性别要相同，否则就有矛盾，那主角只能是埃兹拉。我们也可以再看看别的假设。假设二，费伊

是导演。根据（1），导演不是男士，那主角和导演应该是亲属关系，所以主角是迪安或埃兹拉。根据（2），导演不姓怀特，显然主角职业与导演相同，主角是埃兹拉。再参考（3），不矛盾。主角是埃兹拉。假设三贝尔是导演，根据（1）前半部分，导演不是歌唱家，主角为布莱克，与后半部分矛盾，假设不成立。假设四卡斯是导演，根据（1），主角为汤姆或贝尔，与条件（3）矛盾，假设不成立。其余假设不赘述。

67.亲兄弟

如果拿长笛的和跑步的是亲兄弟的话，根据跑步人的发言，拿长笛的就是可可。拿书的所说不是关于兄弟的话就变成了真话，这就相互矛盾了。所以，拿长笛的和跑步的不可能是亲兄弟。

如果拿长笛的和溜冰的是亲兄弟的话，根据拿书人的话（假话），可知拿长笛的人就是丁丁。拿长笛的关于是兄弟的话却成了假话，这也相互矛盾了。因此拿长笛的和溜冰的不可能是兄弟。

所以，拿长笛的壮壮和拿书的童童是兄弟，跑步的可可和溜冰的丁丁是兄弟。

68.魔女们的宠物狗

根据条件（1）和（6），灰色眼睛的魔女、黑色服装的魔女、小欢（红色眼睛），3人饲养的小狗是1只、3只、4只（顺序不确定）；

Ⅰ根据条件（2），绿色眼睛的魔女、红色服装的魔女、小安3人饲养的小狗分别是2只、3只、4只（顺序不确定）；

Ⅱ根据条件（3）和（6），红色眼睛的魔女、茶色服装的魔女、小丹3人饲养的小狗分别是1只、2只、4只（顺序不确定）；

Ⅲ小安眼睛的颜色不是红色的（6），也

不是蓝色的（5），也不是绿色的（2），所以是灰色的。

灰色眼睛是小安，所以小安不是红色衣服（2），也不是紫色衣服（4），也不是黑色衣服（1），应该是茶色衣服。

灰色眼睛的魔女在Ⅰ、Ⅱ、Ⅲ里面都出现过了，所以养了4只狗。还有1个人，在Ⅰ、Ⅲ里共同部分出现过的红色眼睛的魔女（小欢）养了1只狗，所以，黑色衣服的魔女和小丹不是同一个人。

根据Ⅰ，黑衣魔女有3只小狗，在Ⅰ、Ⅱ里面都出现过黑衣魔女和绿色眼睛的魔女是同一个人，黑衣魔女（绿色眼睛，3只）和小丹不是同一个人，所以是小林。

根据Ⅱ，红色衣服的魔女是小丹。

所以，小林的眼睛是绿色的，穿了黑色的服装，养了3只小狗；小欢的眼睛是红色的，穿了紫色的服装，养了1只小狗；小安的眼睛是灰色的，穿了茶色的服装，养了4只小狗；小丹的眼睛是蓝色的，穿了红色的服装，养了2只小狗。

69.多多的玩具

一只狗、一只熊猫、一只洋娃娃。

70.巧遇天使

至少有两个天使。假设甲是魔鬼的话，由此可以推断出她们几个都是魔鬼，那么，乙是魔鬼的同时又说了真话，显然存在矛盾。所以甲是天使。假设乙是天使的话，从她的话来看，甲就成了魔鬼，相反，假设乙是魔鬼的话，从她的话来看，丙就是天使。所以，无论怎样，都会有两个天使。

71.身份谜云

"杰克不是英国人"一定是正确的。分

析："所有的英国人都穿了西服"为真，则"没有英国人不穿西服"和"不穿西服的都不是英国人"为真，所以"杰克不是英国人"为真。"所有的美国人都穿了休闲服"为真，则"穿了休闲服都是美国人"则不一定是真的，所以别的判断不一定是正确的。

72.花店

花店就是从右边数第二家。

根据前3个条件，得知：旅店不在茶店、书店和酒店的旁边，所以旅店只能是两头的两家店里的一家。而且仅能临近花店。

根据前3个条件，推出花店的旁边不是茶店和酒店，前一步得出一边临近旅店，那花店的另一边只能是书店。显然，书店是中间那一家。

根据条件（2）和（3），酒店不在书店、花店和旅店的旁边，那酒店只能是两头的两家店里的一家。而且仅能临近茶店。

根据条件（4），茶店是左边的第二家，那酒店就是左边的第一家。以此类推，就可以推出花店在从右边数的第二家。

73.是谁做的总结

甲、乙、丙3人都有可能是说话的人，游戏结束时，我还有50元，而游戏过程实际上是将3个人手中的钱款依次转移一次，所以游戏开始前每个人都有50元。

74.真凶在哪里

目击者是真正的凶手。他进入诊所时，陌生人已经换上了干净的衣服，并且吊着手臂，他不应该知道陌生人是背部中弹的。

75.说谎的凶手

影子不可能在窗口。张某说窗口有高举木棍的影子，这就是谎言。因为桌上台灯的

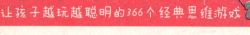

位置是在被害人与窗口之间，不可能把站在被害人背后的凶手的影子照在窗户上。

76.小猫的名字

D不是咪咪（1），也不是花花（3），也不是球球（4），也不是黑黑（4），也不是忽忽（5），所以是兰兰。

A不是咪咪（3），也不是球球（4），也不是黑黑（4），也不是忽忽（5），所以是花花。

所以，由（2）和（4）可知，球球是C。由（1）可知，咪咪是B。由（4）可知，黑黑是E。剩下忽忽就是F了。

77.谁是贫困生

根据条件1和条件2得知倩倩和莉莉是有气质的，也是两位才女，那么条件1中的珍珍是聪明且家境富裕的，这样就排除了珍珍是贫困生。否定了条件2。根据每个人有3个令人注目的特点，珍珍应该是有气质和才女两个特点中的一个；再根据条件3，得知珍珍是才女。此时，珍珍是聪慧的、家境富裕的且是才女。

既然条件2是错误，那么倩倩和莉莉只有可能一个人是才女，一个人家境富裕，且两人都是有气质的。

根据条件3所述，如果莉莉家境富裕的话，那么莉莉具有的特点是有气质、家境富裕，而且是才女。那么，根据每个特点只有两个人的话，倩倩只能是聪慧的、有气质的且贫困的。

这样就和条件2互相矛盾了，所以，莉莉并非家境富裕，她是贫困生。

78.名人的苦恼

根据E和A中间有一个按钮，且D紧靠着

E得知，此时能确定这3个按钮的位置，即：D→E→未知→A；根据A在B的左边，B是C右边的第三个，C在D的右边，可以确定这5个按钮的位置，即D→E→C→A→未知→B。因此，未知的那个按钮就是题中没有提到的F，即从左边数第五个。

79.自作聪明的绑匪

绑匪是邮差。因为在没有门牌和真实姓名的情况下，只有他能安全收到钱，但如果是挂号信就不行了，所以，绑匪要求他用普通邮件邮寄。

80.玛丽的朋友

C。此题需要按顺序来思考，首先假设答案为G、C或L，再依只有4个人说实话的条件，剔除不合适的人选。

81.神秘岛

商人随便问其中的一位美女，比如问甲：你说乙比丙的等级低吗？如果甲回答是，那么应该选乙做妻子。如果甲是君子，则乙比丙低，因此乙是小人，丙是凡夫，所以乙保证不是狐狸；如果甲是小人，则乙的等级比丙高，这就意味着乙是君子，丙是凡夫，所以乙一定不是狐狸；如果甲是凡夫，那么她自己就是狐狸，所以乙肯定就不是狐狸。

因此，无论是什么情形，选乙都不会娶到狐狸。如果甲回答了"不是"，那么商人就可以挑选丙做妻子。推理方法同上。

82.谁家的小狗

棕色衣服的狗狗：卡卡家的多多。
黄色衣服的狗狗：德拉家的汪汪。
白色衣服的狗狗：德拉家的咪咪。
灰色衣服的狗狗：卡卡家的依依。

83.狡猾的囚犯

囚犯说的话是：你一定砍死我。国王听了左右为难，因为如果真的砍了他的头，那么他说的就成了真话，而说真话应该被绞死；但是如果要绞死他的话，他说的话又成了假话了，而说假话的人是应该砍头的。

84.豪华游轮谋杀案

凶手是遗产继承人崔达明。他为了早点把遗产弄到手，没有将尸体丢入大海，而是刻意留下。因为法律规定，在失踪期间，失踪人的财产是不能被继承的。

85.年龄的秘密

A是54岁，B是45岁，C是4岁半。

86.调皮的小伙伴

是丙干的。乙和丁中一定有一个小孩在说谎，假设乙没有说谎，那么这件事就是丁做的。而丙说的话也同样正确，因为只有一个孩子说了实话，所以乙在说谎。也就是说，这4个孩子中，只有丁说了实话。因此可以断定，是丙打碎了李阿姨家的玻璃。

87.谁是冠军

根据条件A得知老大参加的是体操和撑杆跳；根据条件B和C得知，老三参加的只能是撑杆跳。那么，老大参加的只能是体操。因此，老大是体操全能冠军。

88.水果密码

进攻。先推出香蕉代表星期三，苹果代表秘密即可。

89.古希腊的传说

假设玛丽是受害者，那么露西的话虽然是对受害者说的却又是真的，所以，玛丽不可能是受害者。

假设瑞利是受害者，那么玛丽和劳尔的发言显然是对被害者说的，却又是真的。所以，瑞利不可能是受害者。

假设劳尔是受害者，那么瑞利的话是对受害者说的，也是真的，所以劳尔也不可能是受害者。

综上可知，露西就是受害者。

90.吝啬鬼的把戏

在这笔糊涂账中，关键在于第一次的1元钱已经变成了面条，不能再计算了。吝啬鬼还应该再付1元钱。

91.孤独的小女孩

唐唐周一吃了3个椰蓉面包，1个豆沙面包；周二吃了1个椰蓉面包，4个豆沙面包；周三吃了4个椰蓉面包，2个豆沙面包；周四吃了2个椰蓉面包，5个豆沙面包。

第一步，根据所有条件，推出周一吃的豆沙面包的数量只能是1个或2个，面包总数为4或5个。因为周一吃得最少。第二步，推出周一吃的豆沙面包的数量只能是4个，面包总数为5个。在这里周一吃的豆沙包的数量也可以确定了，只能是1个。依次类推，周三吃的面包总数为6个，其中椰蓉面包4个、豆沙面包2个。周四吃的面包总数为7个，其中椰蓉面包2个。

92.谁偷走了邮票

窃贼用纸口袋装来一只他养的信鸽，行窃后，他将邮票绑在信鸽的脚上，从窗户放飞信鸽，将邮票带回了家。

93.如何就座

从题目得知，他们4个人没有一个人说的是真话。那么，从妈妈和爸爸的话来推算，妈妈没有挨着女儿，爸爸没有挨着儿子；从女儿的话中可以推断，妈妈在弟弟的右边，那么女儿只能在儿子的左边。

由于妈妈没有挨着女儿，照着围着圆桌坐的顺序，妈妈的右边只能是爸爸。这样也满足了爸爸说的是假话的条件。

因此，爷爷的左边开始，依次是儿子、女儿、爸爸、妈妈。

94.果汁在哪儿

通过题目中的4个条件，可得知：

甲瓶子：可乐；乙瓶子：白酒；丙瓶子：果汁；丁瓶子：啤酒。

95.同学的职务

由丙比组长年龄大得知，丙不是组长，丙的年龄比组长的大。由学习委员比乙年龄小得知，乙不是学习委员，乙的年龄比学习委员的大。由甲和学习委员不同岁得知，甲不是学习委员。

既然知道了甲和乙都不是学习委员，那么，丙就一定是学习委员了。3个人的年龄顺序是：乙的年龄大于学习委员，丙的年龄大于组长。从这个顺序来看，乙不是组长，那他一定是班长了，而组长则是甲了。

96.桶里的水

桶里的水是可以喝的。

这道题在所有辨别真伪的游戏题目里是再简单不过的了。

请想一想，在一个晴朗的午后说："今天天气不错。"对方回答："是的。"那就是说明对方是那个只说实话的孩子。他说桶里面的水是可以喝的，那就一定是可以喝的。

97.谁是幸运者

根据已知条件得知，D和E必定有一位

与A和C属于相同的年龄档，而A和C都小于30岁，按照校长的要求，他是不会选择A和C的。另外，从条件中得知，C和D当中必定有一位与B和E的职业相同，因此，B和E是秘书。所以校长一定会选择D女士做舞蹈老师。

98.分辨职业

李江是鱼贩，王海是瓦匠，蒋芳是木匠。因为从第一个信息可以得知王海不是鱼贩；从第二个信息可以看出王海不可能去敲李江的墙壁，所以他也不是木匠。因此，王海是瓦匠。李江既不是木匠，也不是瓦匠，那么他是鱼贩。剩下的蒋芳就是木匠了。

99.猜猜看

酒吧。根据（5）和（6）可以知道，酒吧和文具店在道路的同一边。再看看图，就会发现只有1号店这一边才有可能。而且，6号店也会在这一边，可知6号店的位置一定是在1号店的左边或右边。而6号店的隔壁是酒吧，所以我们就能知道1号店是酒吧了。

100.巧排座位

无论顺时针或逆时针，座次应该是新西兰人、中国人、日本人、法国人、英国人。

首先要特别安排的是新西兰人，因为这5个人中只有新西兰人只会英语，其他每个人除懂得本国语言外，还懂得一门外语，所以他必须坐在两个懂英语的人中间。因此，他的两边必须是中国人和英国人，有了这3个人的位置，其他两人的位置就好确定了。

101.令人困惑的指示牌

足球场上的指示牌都是真话；健身房里的指示牌都是假话；篮球场上的指示牌一半是真话，一半是假话。

102.谁是智者

假设甲是智者，可以推出甲通过了数学考试，语文考试可通过可不通过。乙不是智者，则乙没有通过数学考试；丙不是智者，则丙没有通过语文考试，这与题干相矛盾，所以假设错误，甲不是智者。

假设丙是智者，可以推出丙通过了语文考试，数学考试可通过可不通过；甲不是智者，则甲没有通过语文考试；乙不是智者，则乙没有通过数学考试，这与题干相矛盾，所以假设错误，丙不是智者。

假设乙是智者，即说明乙通过了语文考试且没有通过数学考试；甲不是智者，则甲没有通过语文考试；丙不是智者，则丙没有通过语文考试，这与题意不矛盾，因此假设正确，乙才是智者。

此外，在推理出甲和丙不是智者后，也可以利用排除法，推断出乙是智者。

103.奇怪的城镇

我们先从便利店入手。根据题目我们可以知道，便利店会在第二、四天停业，也就是可能在第一、三、五、六天中的其中3天开业。从第2点可知，各家店都没有连续3天开业，也就是说最多只能连续开业两天。又因为我们未计算的第七个天（也就是这六天以外的第七天）三家店都会开业，那么，便利店就不可能在第六天开门了，因为便利店在第七天开门的话，这样已经连续两天了。那么便利店第一天肯定也不能开业（因为一个星期是一个周期，第七天连着第一天）。这样推算，便利店就只能在第三、五、六、七这四天开业了，这样的话就有连续3天开业了，所以这样与题目矛盾，也就是说，便利店一定不能在第六天开业。这样，在这连续的6天里面，便利店就只能在第一、三、五天开业了。

然后我们再看一下邮局的停业情况，邮局在第三、六天停业，也就是说，在前6天里面，邮局只可能在第一、二、四、五天中的其中3天开业了。因为邮局在第一、二天肯定只能有一天开业（因为第七天连着第一天，第七天肯定开业，跟前面的道理一样），所以，邮局肯定会在第四、五天开业。

接下来我们来看折扣商场的停业情况，折扣商场会在第一、五天停业，也就是只可能在第二、三、四、六天中的其中3天开业。由于第二、三、四天是连在一起的，所以折扣商场在这3天之中只能有两天开业，也就是说，折扣商场在第六天肯定开业。如果折扣商场在第二天开业，那么我们将不可能找到"星期天"，因为星期天在这6天里面，而且在星期天，全体停业，我们回头看看前面的推算，发现除了第二天以外，每一个天都会有店开业！也就是说，我们要找的"星期天"，只能假设为暂时没有任何店开业的第二天！所以在第二天，全体店停业。那么在前6天，商店就只能在第三、四、六天开业了。

既然星期天在第二个格，那么第七天只能是星期五了！也就是说，那连续的6天里面，星期天是排在第二天的，连续的6天就是星期六到星期四了。所以，全体开业的那一天，也就是这连续6天以外的一天，即星期五！所以他应该选择星期五出门。

104.真假难辨

黄鸟：4厘米的红色虫子；白鸟：3厘米的黑色虫子；黑鸟：6厘米的红色虫子；绿鸟：5厘米的黑色虫子。

假设白鸟抓红虫子，先推出黑鸟抓红虫

子；进而推出绿鸟抓黑虫子；再推出白鸟抓的不是4厘米长的红虫子，结合前面只能是6厘米。而根据黄鸟抓的是黑虫子，推出其长度为6厘米，出现矛盾，假设错误。所以，白鸟抓的是黑虫子。

既然白鸟抓的是黑虫子，那显然绿鸟也在撒谎，所以，绿鸟抓的也是黑虫子，而黄鸟和黑鸟都抓了红虫子。如此，就可以根据题意推出正确答案

105.避暑山庄

4人的滞留时间之和是20天。

根据（1）得知，最长的时间是丁，日数在6天。

根据（2）（3）来看，丁的入住时间最长，是从2日到7日离开的。

假设乙和丙分别滞留了4天以下，因为丁是6天以下，甲若是6天以上，就不是最短的，所以乙和丙都是5天。

根据（3）可知，丙是从1日入住到5日。如果乙是从3日入住的话，7日离开，那就与丁重合了，所以乙是从4日入住到8日。剩下的甲就是从3日到6日（滞留了4日）。

因此，甲是从3日入住6日离开的；乙是从4日入住8日离开的；丙是从1日入住5日离开的；丁是从2日入住7日离开的。

106.韩教授一周的行程

星期五。

107.谋杀富翁

约翰是凶手。根据题意，约翰说假话，则推出约翰离开时富翁已经被杀了，凶手是约翰或者是约翰之前的人。罗伯特说假话，则推出罗伯特到时，富翁还活着，罗伯特是第一或第三个去的人，他在约翰前面。丹尼

说假话，则推出去的时候富翁已经死了，结合前面，丹尼是第四个去的。默里森说假话，则推出默里森在约翰前面去的，去的时候富翁还活着。综合一下，就可以推出罗伯特第一个去，默里森第二个去，约翰第三个去，杀害了富翁，丹尼是最后一个去的。

108.淑女裙的颜色

黄色。根据题意，小轩、童童、小凡的话或者2真1假，或者2假1真。很明显，小轩和童童的同真同假。假设小凡说真话，很显然小轩和童童也是真的，与题意不服，那小凡一定说了假话，而童童和小轩都说真话，显然裙子的颜色是黄色的。

109.三兄弟购物

强强买的是书包，壮壮买的是篮球，冬冬买的是英语词典。

这道题同样用假设法，因为这几个人陈述的都是否定的东西，那假设结论为假更容易推出结论来。假设强强说的前假后真，则推出"壮壮买的是篮球，冬冬买的是包或词典"。进而推出冬冬的话前假后真，推出"强强买的是书包"。再推出壮壮的话前真后假，推出"冬冬买的是英语词典"，不矛盾，假设正确。大家也可以用同样的方法排除别的假设。

110.谁是司机

A是司机。根据前4个条件，推出乘务员和A先生或B先生同姓，且A先生或B先生有一人住芝加哥，有一人和乘务员为邻居。假设A先生住芝加哥，那A是乘务员，B先生为乘务员的邻居，结合（4）、（5），显然有冲突，假设错误。假设B先生住在芝加哥，那B就是乘务员。根据（6），A显然不是售票

员，那A就是司机，从而得出结论。

111.意义相同的句子

正确答案应该是（3）：一个国际人只会说外文是不够的。小朋友，你回答对了吗？不要把问题想得太复杂了，想得太复杂是不容易找出答案的哦。

112.紧急集合

姓名	谁的上装	谁的下装
李佳	房华	自己
刘芳	自己	何琳
房华	何琳	刘芳
何琳	李佳	房华

113.排队

鲸鱼的排队顺序是戊、丙、己、丁、甲、乙。

根据（1），推出己排第三位；根据（3），推出甲为第五位；根据（4），推出丁为第四位；根据（5），推出丙为第二位；显然戊只能是第一位，而乙就是最后一位。

114.新手表

选项D的评价是正确的。皮皮犯的正是混淆概念的错误，两个3分钟是不相同的，一个标准，一个不标准，因此，皮皮的推断是错误的。

115.名牌衣服

凯特买的是英雄牌衣服，吉姆买的是佳人牌衣服，苏森买的是豪杰牌衣服，乔治买的是风华牌衣服。根据凯特的话，判断凯特买的是90美元的英雄牌衣服。"另一个人"显然就是指苏森，其买的是豪杰牌衣服。再看吉姆和乔治，根据乔治的话，推出结论。

116.生日派对

蓝色。

假设大毛和二毛的帽子都是红色的，而派对上只有两顶红帽子，那么三毛应该立刻回答自己的帽子是蓝色的。所以，大毛和二毛戴的帽子有两种可能：（1）一顶红色和一顶蓝色；（2）两顶都是蓝色。

二毛看到大毛的帽子，如果大毛戴的是红色的话，便符合（1）的状况，那么二毛应该可以答出自己的帽子是蓝色的才对。

他之所以答不出来的原因，相信你也已经猜到了吧，就是因为大毛的帽子是蓝色的。

117.凶手是谁

因为王太太说了真话，由此可以推断赵师傅作了伪证，再进一步推断张先生和李先生说的都是假话，从而可以判断A和B都是凶手。

118.超市失窃案

根据他们提供的证词，可得出下面两种可能：

A
（1）乙说：甲没有偷东西。
（2）丙说：乙说的是真话。
（3）甲说：丙在撒谎。

B
（1）丙说：甲没有偷东西。
（2）乙说：丙在撒谎。
（3）甲说：乙说的是真话。

对于A而言，（2）支持（1）；而（3）否定（2），进而否定（1）。所以，供词就变成了：（1）乙说：甲没有偷东西。（2）丙说：甲没有撒谎。（3）甲说：甲是有罪的。显然，A是不可能的。

对于B而言，（2）否定（1），（3）肯定（2）进而（3）否定（1）。所以，供词就变成了：（1）丙说：甲没有偷东西。（2）甲说：甲偷东西了。（3）乙说：甲是有罪的。

根据已知条件得知：假设甲有罪，那么甲说了真话且是有罪的，显然这是不可能的。

假设甲没有偷东西，那么甲是无辜的，且乙和丙都撒了谎，所以他们两个人必有一个人是有罪的。由于甲是无辜的，所以乙就是盗窃者。

119.谁看了足球赛

B看了足球赛。根据A的话，推出A和D都没有看足球赛。根据D，推出E没有看足球赛。根据C，推出C没有看足球赛。总结下，推出B没有看足球赛。

120.谁是常胜将军

根据（2）常胜将军与表现最差的人年龄相同；根据（1）常胜将军的双胞胎与表现最差的人性别不同，因此4个人中有3个人的年龄相同，由于张老师的年龄肯定比他的儿子和女儿大，从而年龄相同的必定是他的儿子、女儿和妹妹，这样，张老师的儿子和女儿必定是（1）中所指的常胜将军，而张老师的妹妹是表现最差的选手。根据（1），常胜将军的双胞胎一定是张老师的儿子和女儿，而常胜将军无疑是张老师的女儿。

121.失误的程序员

左边的机器人是犹豫不决的机器人，中间的机器人是骗子机器人，右边的机器人是诚实机器人。先推出左边的机器人或者是骗子或者是犹豫不决的，再推出中间的机器人或者是骗子或者是犹豫不决的，显然右边的机器人一定是诚实的，那它旁边即中间的显然就是骗子机器人，左边的就是犹豫不决的机器人。

122.到底什么关系

张先生是最高领导人，张先生直接给我和董先生安排工作；我直接给王先生、李小姐安排工作；董先生直接给赵小姐、杜小姐安排工作。这道题看似条件众多，但是推理过程却相对简单，大家只要画出图，张先生是我和董先生的上级，别的就根据条件一步步推理下来即可以推出结果。

123.谁和谁是一家

老张、杜娟和丹丹是一家，老李、丁香和壮壮是一家，老王、李平和美美是一家。

根据A，推出老张家和李平家都有一个女儿。根据B推出，老王家也有女儿，结合A，老王和李平是夫妻，女儿为美美；那老张的女儿叫丹丹，老李家儿子叫壮壮。根据C，推出老李和丁香是夫妻，从而别的也可以推出来。

124.谁击中了杀手

如果8个保镖中有3位猜对，杀手是C击中的；如果8个保镖中有5个人猜对，那么杀手是G击中的。

根据8个人的说法，A和H同真同假，A和F此真彼假，A和E此真彼假，E和F同真同假，B和D此真彼假，C和G另外考虑。

当有3真的话，假设A为真，显然H和G真，则推出G或F击中，进而推出D真，所以假设错误，故A是假的。A假，则H假，E和F真，推出不是H、F击中的。再看C，若C真，则G也真，所以C一定为假，不是G击中的。若B真，则为B击中，显然G也真，故B假，不是G击中的，进而推出D为真，G显然就是假的，所以推出是C击中的。

当有5真的情况推理结果同上，不赘述。

125.成绩表

这道题条件比较复杂，我们先看前面5个条件，显然可以知道一个人全是甲、一个人为甲乙丙，一个人为甲乙乙。然后我们再根据表格已知条件和其余条件进行推理。最先确定夏雨的语文成绩为丙。接着三科全是甲的是江子或雷雷，我们可以分析进行假设，过程不赘述。

	语文	数学	英语
宇春	丙	乙	丙
夏雨	丙	甲	乙
江子	甲	甲	甲
雷雷	甲	甲	乙

126.仙女和仙桃

西西最初有6个，吃了2个，剩下了4个；安安最初有7个，吃了1个，剩下了6个；米米最初有5个，吃了2个，剩下了3个；拉拉最初有4个，吃了2个，剩下了2个。

米米的话语中有关于吃桃数量，从这里开始假设。第一步，假设米米为真，则米米吃1个、拉拉吃2个；推出拉拉说假话，则推出安安吃了1个，米米手中剩下3个，那米米手中原来有4个；安安为真，则西西手里有4个，显然出现矛盾，那米米为假。第二步，米米为假，则米米和拉拉都吃2个；推出拉拉说假话，则推出安安吃了1个，米米手中剩下3个，那米米手中原来有5个；安安说真话，则推出西西现在有4个为真，显然西西原来一定有6个，吃了两个。而根据题意，安安吃了1个，且几个人吃完剩下的数量也不同，则推出安安原来有7个，那显然拉拉原来就有4个，且拉拉吃了2个。

127.钻石的颜色

第一个魔球是红色的，第二个魔球是绿色的，第三个魔球黑色的，第四个魔球是黄色的，第五个魔球是蓝色的。假设A关于"第二个魔球是蓝色的"判断为真，则推出E"第二个魔球是黑色的"和"第五个魔球是蓝色的"都为假，显然假设错误，A关于"第三个魔球是黑色的"为真。进而推出C"第一个魔球是红色的"为真，B"第二个魔球是绿色的"等结论。

128.今天星期几

7个人的观点如下：小红：星期一；小华：星期三；小江：星期二；小波：星期四、五或者星期日；小明：星期五；小芳：星期三；小美：星期一、二、三、四、五或六。

综上可知，只有一个人说到星期日，因此，今天是星期日，他们都可以睡一会儿懒觉，小波所说正确。

129.谁是白马王子

因为亚历山大、汤姆和皮特只符合一个条件，只有杰克符合两个条件，所以他当然符合第三个条件。

130.圣诞老人的聚会

他们到达约会地点的先后顺序是：D、E、C、A、B。

依据题目给出的条件，很快就可以分析出A、B、C、E都不是第一个，只有D是第一个到达的。

由E在D之后，可以知道两人的顺序是：D、E。

由B紧跟在A后面得知两个人的顺序是：

A、B。

由C不是最后一个到达约会地点，可以得知这样的顺序：C、A、B。

所以，总的先后顺序是：D、E、C、A、B。

第三部分 数学思维谜题（上）

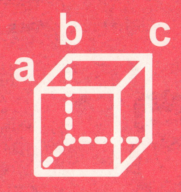

131. 数学天才

汤姆虽然才12岁，但对数学有极高的悟性。有一天，他向我夸口说："随便你用0到9这10个数字写成两个数，只要你每个数字都用到而且不重复就可以，然后把两个数加起来，再把你写的两个数字擦掉。整个过程我都不知道你写的是什么数，结果是什么，但是我只要看一眼你最后的结果，我就知道你最后擦掉的那位数是几。"

我当然不相信，于是用这10个数字写了一个六位数和一个四位数，加起来后得出结果，把百位上的数和两个加数都擦掉，得到这样一个数：398□27（□是我擦去的那位数），汤姆只看了一眼，就说出了我擦掉的数。

真的很神奇！小朋友，你能告诉我，汤姆是怎么知道那个数的吗？

132. 3个数

有3个不是0的数的乘积与它们之和都是一样的。请问：这3个数是什么？

$$X \times Y \times Z = \square$$

$$X + Y + Z = \square$$

133. 如何切蛋糕

今天是婷婷的生日。姑姑给她送来了一个大蛋糕，婷婷特别高兴。但是姑姑给她出了一个难题：切一刀可以把蛋糕切成两块，第二刀与第一刀相交切可以切成4块，第3刀最多可以切成7块（如下图）。问经过6次这样呈直线的切割，最多可以把蛋糕切成多少块？小朋友，你知道怎么切吗？

134. 胜算几何

3个人面临着一场决斗，他们站着的位置正好构成了一个三角形。其中被称为枪神的人百发百中；被称为枪怪的人3枪能命中2枪；只有莱特枪法最差，只能保证3枪命中1枪。现在3人要轮流射击，莱特先开枪，枪神最后开枪。如果你是莱特，怎样做才能胜算最大呢？

35.好朋友的聚会

有7个年轻人，他们是好朋友，每周都要到同一个教堂做礼拜吃饭，但是他们去教堂的次数不同。大力士每天必去，沙沙隔一天去一次，米米每隔两天去一次，玛瑞每隔3天去一次，好好每隔4天才去一次，科特每隔5天才去一次，次数最少的是玛奇，每隔6天才去一次。

昨天是2月29日，他们愉快地在教堂碰面了，他们有说有笑，憧憬着下一次碰面时的情景。请问，下一次相聚会是什么时候？

36.阶梯求数

请找出问号代表的数。

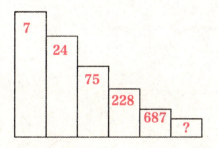

| 7 |
| 24 |
| 75 |
| 228 |
| 687 | ? |

137.分橘子

甲、乙、丙3家约定9天之内各打扫3天楼梯。由于丙家有事，没能打扫，楼梯就由甲、乙两家打扫，这样甲家打扫了5天，乙家打扫了4天。丙回来以后就以9斤橘子表示感谢。

请问，小朋友们，丙该怎样按照甲乙两家的劳动成果分配这9斤橘子呢？

138.机器人

8个孩子分32个机器人，分法如下：女孩燕妮得到一个机器人，玫利得到两个，培拉3个，米奇4个；男孩凯德·斯密斯得到的机器人和他的妹妹一样多，汤米·安德鲁得到的是他妹妹的两倍，比利·琼斯得到的机器人是他妹妹的3倍，洛克·哈文得到的是他妹妹的4倍。小朋友，请你猜猜上面4个女孩的姓氏是什么。

提示：在西方人名中，如汤米·安德鲁，姓氏居后，即安德鲁。

139.伤脑筋的顾客

一位顾客想寄很多封信。于是他递给邮局卖邮票的职员一张1元的人民币，说道他要一些2分的邮票和10倍数量的1分的邮票，剩下的全要5分的。这位职员一听蒙了，他要怎样做才能满足这个伤脑筋的顾客的要求呢？

140.时间去哪儿了

妈妈每天都催促亮亮要抓紧时间学习，亮亮却辩解说他一年之中几乎没有时间学习。妈妈疑惑地问他怎么没有时间学习？亮亮就给妈妈列出这样一个表（如图）。

一年中，剩下的4天还没有把他生病的假期算进去，所以他没有时间学习。妈妈看他这样计算觉得也有道理。事实上，亮亮是做了手脚的。小朋友，你发现亮亮在哪里做了手脚吗？

睡觉（一天8小时）	122天
双休日	104天
暑假	60天
用餐（一天3小时）	45天
娱乐（一天2小时）	30天
总计	361天

141.7环金链

瑞芳在一家珠宝公司工作，由于她工作积极，所以公司决定奖励一条金链给她，这条金链由7环组成。但是公司规定，每个星期只能领一环，而且切割费用由自己负责。

这让瑞芳感到为难，因为每切一个金环，就需要付一次昂贵的费用，焊接回去还要再付一次费用，想想真不划算。聪明的瑞芳想了一阵儿之后，发现了一个不错的方法，她不必将金链分开切成7个，只需要从中切断一个金环，就可以每星期都领到一个金环。小朋友，你知道瑞芳是怎么做到的吗？

142.神奇的三角形

三角的3边有9个圆圈，你能把1~9这9个数填在圆圈里，使每边的数字和相等，而且每边数字的平方和也相等吗？

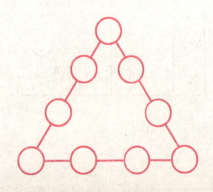

143.怪老头的棋局

小区门口有一位老头经常拿着一个刻有6个小方格的桌子，桌子上面放着10个棋子。他每天都拿着棋子在桌子上移来移去。

有一天，有人问他在干什么，他说他在尝试用10枚棋子摆出最多的偶数行，即横排、竖排和斜排上的棋子都是偶数。路人一听完，两三下就排出了16行，并且自称偶数行是最多的。小朋友，你知道他是如何摆放棋子的吗？

144.种树的难题

有一块地上栽着16棵美丽的柳树，它们形成12行，每行4棵树（如图）。其实，这16棵树可以形成15行，每行4棵树。小朋友，你知道应当怎么栽种吗？

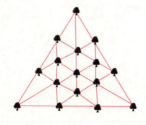

145.司机的难题

有一个跑长途的司机要出发了。他用作运输的车是三轮车，轮胎的寿命是2万公里，现在他要进行5万公里的长途运输，计划用8个轮胎就完成运输任务，现在请问，他要怎样才能做到呢？

146.求面积

有一个边长10cm的正方形。在里面画一个内接圆，在圆内再画一个正方形。小朋友，你知道小正方形的面积为多少吗？
如图：

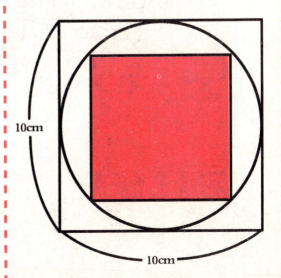

147.分米

有两个合伙卖米的商人，要把剩下的10斤米平分。他们手中没有秤，只有一个能装10斤米的袋子、一个能装7斤米的桶和一个能装3斤米的脸盆。小朋友，你知道他们该怎么平分10斤米吗？

148.粗心的管理员

公园的管理员看到公园里游客扔的垃圾，非常气愤。他决定增设20个垃圾桶，分别放在5条相互交叉的路上，每条路上放4个。但由于粗心大意，他少带了10个垃圾桶。那该怎么呢？难道把垃圾桶劈成两半吗？

聪明的小朋友们，你们帮忙想想办法吧！

149.数列的秘密

你能找出下列数列的排列规律吗？请根据各自的规律找出"？"所代表的数。

A 1 5 10 50 100 ？ ？

B 3 8 23 68 ？

150.天平不平

这里有一个天平和13块重量相同的金条。现在在左边离轴心3格的那个秤盘里放了8块金条，在右边离轴心4格的秤盘里放了4条金条，天平不平。已知每个秤盘和金条的重量相同，小朋友，请你移动一块金条，使天平恢复平衡。开动脑筋，想一想该怎么移动？

151. 最佳位置

在铁路沿线的同一侧有100户居民，根据居民的要求要建一家商店，并使100户居民到商店的距离之和最小。小朋友，想一想，你知道商店的位置应该建在哪里吗？

152.所罗门王的难题

所罗门王有一个漂亮的待嫁女儿。周边许多国家的王子和侯爵都想迎娶这位美丽的公主。为了考验求婚者的智慧，所罗门王随手画了一个由许多的三角形组成的图案，要求求婚者数这个图案里一共有多少三角形，数对的就可以迎娶公主。

小朋友，你能数出图案上究竟有多少个三角形吗？

153.3位不会游泳的人

有3个人必须过河到对岸，但河上没有桥。河上有两个孩子正在划着一只小船想帮助他们。可是船太小了，一次只能搭一个人，如再加上一个孩子船就会沉下去，而3个人都不会游泳。请问：他们要怎么做才能让所有人都顺利到达对岸呢？

154.必胜策略

蓬蓬和亨亨玩一种抢30游戏。游戏规则很简单：两个人轮流报数，第一个人从1开始，按顺序报数，他可以只报1，也可以报1、2，第二个人接着第一个人报的数再报下去，但最多也只报两个数，而且不能一个数不报。例如，第一个人报的是1，第二个人可报2，也可报2、3；若第一个人报1、2，则第二个人可报3，也可报3、4。接下来仍由第一个人接着报，如此轮流下去，谁先报到30谁胜。

蓬蓬很大度，每次都让亨亨先报，但每次都是蓬蓬胜。亨亨觉得其中肯定有猫腻，于是坚持要蓬蓬先报，结果几乎每次还是蓬蓬胜。小朋友，你知道蓬蓬必胜的策略是什么吗？

155.难以兑现的假期

10个同学来到教室，为座位问题争论不休。有的人说，按年龄大小就座，有的人说，按学习好坏就座，还有人要求按个子高矮就座。

老师对他们说："孩子们，你们最好停止争论，任意就座。"

这10个同学随便坐了下来，老师继续说道："请记下现在就座的次序；明天来上课时，再按别的次序就座；后天再按新的次序就座，反正每次来时都按新的次序，直到每个人都坐在现在所安排的位子上，我将给你们放假一年。"

小朋友，请你算算看，老师隔多少日子才给他们放假一年呢？

156.相互搭配

琪琪有4条裙子，8件上衣，以及4双皮鞋。把这些衣服鞋子混在一起，共有多少种搭配方法？

157.数字城堡

在下面这个数字城堡中填入1~16这些数字，使城堡中横、竖、对角线、中间4个数以及角上4个数之和均为34，并且每个数字只能出现一次。小朋友，你能做到吗？

158.高明的盗墓者

一个被警察追踪多年的盗墓者突然有一天前来自首。他声称他偷走的100块法老壁画被他的手下偷走了。这些人中最少的偷了一块，最多的偷了9块。而这25人各自偷了多少块壁画，他说他也记不清了，但可以肯定的是，他们都偷走了单数块壁画，没人偷走双数块的。他为警方提供了25个人的名字，条件是不能判他的刑。警察答应了。但当天下午，警长就下令将自首的盗墓者抓获。小朋友，你猜猜究竟是为什么呢？

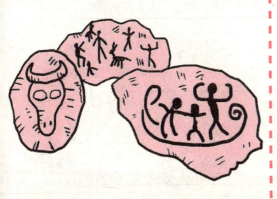

159.水池扩容

图中有一个正方形水池。水池的4个角上栽着4棵垂柳。现在要把水池扩大，使它的面积增加1倍，但要求仍然保持正方形，而又不移动垂柳位置。小朋友，你有什么好的办法吗？

如图：

160.面积计算

在一间边长为4米的正方形房间里铺着一块三角形地毯。小朋友，你能算出这块地毯的面积是多少吗？

如图：

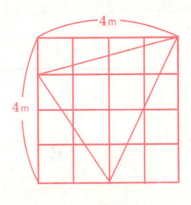

161. 环球飞行计划

某航空公司有一个环球飞行计划，但有下列条件：每个飞机只有一个油箱，飞机之间可以相互加油（没有加油机）；一箱油可供一架飞机绕地球飞半圈。为使至少一架飞机绕地球一圈后回到起飞时的飞机场，至少需要出动几架次飞机（包括绕地球一周的那架在内）？

注意：所有飞机从同一机场起飞，而且必须安全返回机场，不允许中途降落，中间没有飞机场。加油时间忽略不计。

162. 简单的难题

如图，有5个全等的三角形，B边是A边的两倍。要求你在其中的一个三角形上剪一刀，然后把这5个三角形拼成一个正方形。

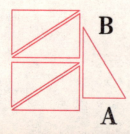

163. 钱去哪儿了

一位老婆婆靠卖蛋营生。她每天卖鸡蛋、鸭蛋各30个，其中鸡蛋每3个卖1元钱，鸭蛋每2个卖1元钱，这样一天可以卖25元钱。突然有一天，有一位路人告诉她把鸡蛋和鸭蛋混在一起每5个卖2元，可以卖得快一些。第二天，老婆婆就尝试着这样做，结果却只得到了24元。老婆婆很纳闷，蛋没少怎么钱少了，这1元钱到底去哪里了呢？小朋友，你想明白了吗？

164. 测量金字塔

埃及金字塔是世界七大奇迹之一，其中最高的是胡夫金字塔，它的神秘和壮观倾倒了无数人。它的底边长230.6米，由230万块重达2.5吨的巨石堆砌而成。金字塔塔身是斜的，即使有人爬到塔顶上，也无法测量其高度。后来有一个数学家解决了这个难题，小朋友，你知道他是怎么做的吗？

165.无价之宝

一位在南美洲淘金的老财主不仅淘到了大量的金子，而且淘到了许多钻石。为了向别人炫耀自己的富有，他用自己淘到的钻石镶成了一个世界上绝无仅有的无价之宝。第一天，他决定从保险箱里取出一颗钻石；第二天，他取出了6颗钻石一起镶在了第一天的钻石的周围；第三天，又多了一圈，变成了三圈；6天过后，一颗钻石变成了一个巨大的钻石群，真的成了一块闪闪发光的无价之宝。请问，小朋友，这块无价之宝一共有多少颗钻石呢？

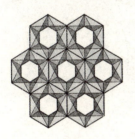

166.果汁测量

商店老板有一个圆柱形的果汁瓶，容量是30斤，他已经卖了8斤给客人。小华和小力是他的老顾客，今天也来买果汁。小华带来的瓶子的容量是4斤的，小力的则是5斤的。然而小力只想买4斤的果汁，小华只想买3斤的果汁。但今天商店老板的电子秤坏了，他应该怎么做才能使这两个老顾客得到各自想要的重量，而且又能使果汁不溢出容器呢？

167.数学迷

乔伊斯和凯丽是一对数学迷，他们经常相互出题来考对方。在一次约会的时候，凯丽又给乔伊斯出了一道难题，并且说只要乔伊斯能够回答得出来，她就跟他回家去见他的父母。问题是这样的：如果有1、2、3、4这4个数，列出式子3×4＝12；如果有1、2、3、4、5这5个数，列出式子13×4＝52。从列式中可以看出，等式把所有的数都用上了。以此类推，用1~6、1~8、1~9和0~9这些连续数各组成等式。

结果，聪明的乔伊斯第二天就带着美丽的凯丽回家去和父母共进晚餐了。

小朋友，你知道答案是什么吗？

1 2 3 4

3 × 4=12

168.奇怪的数字

有一个奇怪的三位数，减去7后正好被7除尽；减去8后正好被8除尽；减去9后正好被9除尽。小朋友，你猜猜这个三位数是多少？

请问图中问号处应填什么数字？

169. 火中逃生

美国有一种火灾救生器，其实就是在滑轮两边用绳索吊着两个大篮子。把一个篮子放下去的时候，另一个篮子就会升上来，如果在其中的一个篮子里放一件东西作为平衡物，则另一个较重的物体就可以放在另外的篮子里往下送。假如一个篮子空着，另一只篮子里放的东西不超过30磅，则下降时可保证安全。假如两只篮子里都放着重物，则它们的质量之差也不得超过30磅。

一天夜里，威尼的家里突然发生火灾。除了重90磅的威尼和重210磅的妻子之外，他还有一个重30磅的孩子，和一只重60磅的宠物狗。

现在知道每只篮子都大得足以装进3个人和一只狗，但别的东西都不能放进篮子里。而且狗和孩子如果没有威尼或他的妻子的帮助，自己不会爬进或爬出篮子。

小朋友，你能想出什么好办法尽快使这3个人和一只狗安全地从火中逃生吗？

170. 一共几头牛

一位农场主的遗书中写道：妻子分全部牛的半数加半头，长子分剩下牛的半数加半头，次子分再剩下牛的半数加半头，三子分最后剩下牛的半数加半头。

结果一头牛没杀，一头牛没剩，正好分完。请问农场主留下几头牛，妻子、长子、次子和三子各分得多少头牛？

171. 新龟兔赛跑

有一次，乌龟和兔子赛跑，比赛谁跑得快。乌龟对兔子说："你的速度是我的10倍，每秒跑10米。如果我在你前面10米远的地方，当你跑了10米时，我就向前跑了1米；你追我1米，我又向前跑了0.1米；你再追0.1米，我又向前跑了0.01米，以此类推，你永远要落后一点点，所以你别想追上我了。"

小朋友，你说乌龟说的对吗？

172.龟兔再次赛跑

兔子和乌龟又要进行百米比赛了。这次比赛的结果是兔子赢了，当兔子到达终点的时候乌龟还差10米。如果把兔子的起跑线向后移10米，假设兔子在中途没有偷懒睡觉，他们会同时到达终点吗？

173.借钱

甲、乙、丙、丁4人是好朋友。有一天，甲因为要办点事情，就向乙借了10元钱，乙正好也要花钱，就向丙借了20元钱。而丙自己的储蓄实际上也并不多，就向丁借了30元钱。而丁正好在甲家附近买书，就去找甲借了40元钱。

恰巧有一天，4人决定一起出去逛街，趁机也将欠款一一结清。小朋友，她们4人该怎么做才能动用最少的钱来解决问题呢？

174.白酒和水

桌子上放着同样大小的两个瓶子，一瓶装着白酒，一瓶装着水，两个瓶子里的液体一样多。如果用小勺从第一个瓶子中取出一勺白酒，倒入第二个瓶子中，搅匀后，再从第二个瓶子中取一勺混合液，倒回第一个瓶子中。那么这时是白酒中的水多呢，还是水中的白酒多呢？小朋友，你知道吗？

175.花数相连

观察下面的图，猜一猜图中的问号处应填什么数字？

176.扑克游戏

　　有一个人玩扑克牌，而且是变着花样地玩。一天，他摆出作了标记的3张扑克（如图），扑克正反两面分别画上√或×。他说他可以把这3张扑克给任何人，在不让他看到的情况下选出一张，放在桌上，朝上的是正面或反面都没有关系。只要他看了朝上的那面后，就会猜出朝下的是什么标记。猜对了，就请对方给他100元；猜错了，他就给对方200元。扑克上√或×占总数各半，也没有其他任何记号。小朋友，你觉得他有胜算吗？

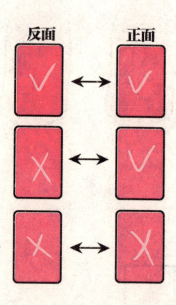

参考答案

131.数学天才

我擦掉的数是7。0到9这9个数相加等于45，是9的倍数，不管这10个数字怎样排列得出的两个数，其和也是9的倍数。所以只要把答案中能看到的数字加起来，用与这结果最接近但比这结果大的9的倍数一减，得到的数就是被擦去的数字。在此例子中，3 + 9 + 8 + 2 + 7 = 29，比29大的最接近的9的倍数是36。所以，擦去的数为36 - 29 = 7。

132.3个数

1 × 2 × 3 = 6，1 + 2 + 3 = 6。

133.如何切蛋糕

最多可以切22块。

切割的次数	最多的块数
0	1
1	2
2	4
3	7
4	11
5	16
6	22

134.胜算几何

他应该先放空枪。他如果先射击枪神，打中的话，枪怪就会在两枪之内把他打死；如果先射击枪怪，射中的话，枪神会一枪就要了他的命。如果先射枪怪而未中，枪怪就会先射枪怪，然后对付莱特。假如射中了枪神，枪怪赢莱特的概率是6/7，而莱特赢的概率是1/7。

假如先放空枪，莱特下一步要对付的就是其中一个人。如果枪怪活着，莱特赢的概率是3/7。如果枪怪没打中枪神，枪神就会一枪打中他，此时莱特的胜算是1/3。

莱特先放空枪，他的胜算会提高到40%，而枪神、枪怪的胜算是22%、38%。

135.好朋友的聚会

七个年轻人要隔许多天才能在教堂里相聚一次，这个天数加1能被1~7之间的所有自然数整除。1~7的最小公倍数是420，也就是说，他们每隔419天才能一齐聚于教堂。因为上一次聚会是在2月29日，可知这一年是闰年。那么第二年2月份就只有28天一种可能。由此类推，他们下一次相聚是在第二年的4月24日。

136.阶梯求数

2064。这个数列的规律是第一个数加1乘以3得第二个数。

137.分橘子

在帮丙负责打扫的3天中，甲多打扫2天，即2/3；乙多打扫1天，即1/3。因此，甲家得6斤橘子，乙家得3斤橘子。

138.机器人

女孩得到的机器人总数是10个，那么4个哥哥得到的机器人总数是32 - 10 = 22个。

先推算米奇的哥哥，假设米奇的哥哥是洛克·哈文，那么，他得到的机器人数量是4 × 4 = 16个，其他3个男孩得到的是剩下的22 - 16 = 6个，无法分配，不成立，所以，米奇的哥哥不可能是洛克·哈文；

再假设米奇的哥哥是比利·琼斯，那么，他得到的机器人数量是4 × 3 = 12个，其他3个男孩得到的是剩下的22 - 12 = 10个。即使1 × 4 + 2 × 2 + 3 × 1 > 10，仍不能分配，所以，米奇哥哥也不可能是比利·琼斯。

再假设米奇的哥哥是汤米·安德鲁，那么，他得到的机器人数量是4 × 2 = 8个，其他

3个男孩得到的是剩下的22 - 8 = 14个。

如果培拉的哥哥是洛克·哈文，那么洛克·哈文得到的是3 × 4 = 12个，也无法进行分配。这时，只能假设洛克·哈文是玫利的哥哥，那么他得到的是就是2 × 4 = 8个。此时，除洛克·哈文和汤米·安德鲁外，还剩下6个机器人，可以分配成可以分成3 × 1 + 1 × 3 = 6，而且正好将机器完全分配。

所以4个女孩子的名字分别是：燕妮·琼斯，玫利·哈文、培拉·斯密斯和米奇·安德鲁。

139.伤脑筋的顾客

2分的5枚，1分的50枚，5分的8枚。1元相当于100分，根据条件"剩下的全要买5分的"，可以推算出剩下的钱必然是5的倍数，而2与5的倍数必须是10、20、30、……100，也就是买2分和1分的只能花10分、20分、30分、……90分，所以2分邮票的数量只能是5、10、15、……40。

如果2分的买5枚，花了10分，1分的是2分的10倍，就是50枚，花了50分，这样一共花了60分，还留40分买8枚5分的。

如果2分的买10枚，花了20分，那1分就是100枚，超过了1元钱，显然不符合题意。

所以答案只能是第一种假设情况。

140.时间去哪儿了

亮亮把时间进行了重复计算，举一个很简单的例子，在他暑假的60天里，他把用餐和睡觉的时间既计入了暑假的时间，又分别计入了全年的用餐时间和睡眠时间。

141.7环金链

锯掉第三个金环，形成1个、2个、4个等三组。第一周：给1个；第二周：给2个，换回1个；第三周：再给1个；第四周：给4个，

换回1个、2个；第五周：再给1个；第六周：给2个，换回1个；第七周：再给1个。

142.神奇的三角形

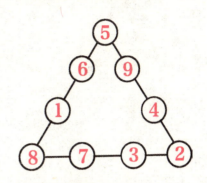

143.怪老头的棋局

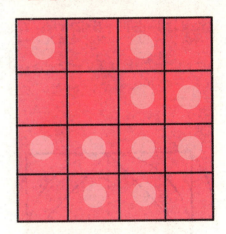

144.种树的难题

按下图的栽法，可以使得16棵树形成15行，每行4棵。

如图：

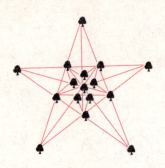

145.司机的难题

如果给8个轮胎分别编为1~8号，每5000公里换一次轮胎，可以用下面的组合：123（可行驶1万公里）、124、134、234、456、567、568、578、678。

146.求面积

这个题目不止有一种解法，只是看你的思路而已。

可以把正方形转90度，面积就会变成原正方形的一半，或者利用对角线的长来计算小正方形的面积。

如图：

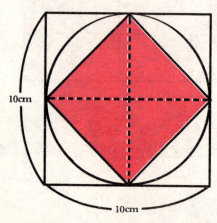

147.分米

（1）两次装满脸盆，倒入7斤的桶里；

（2）往3斤的脸盆里倒满米，再将脸盆里的米倒1斤在7斤的桶里，这样脸盆中还有

两斤米；

（3）将7斤米全部倒入10斤的袋子中；

（4）将脸盆中剩余两斤米倒入7斤的桶中；

（5）将袋子里的米倒3斤在脸盆中，再把脸盆中的米倒入桶里，这样桶和袋子里各有5斤米。

148.粗心的管理员

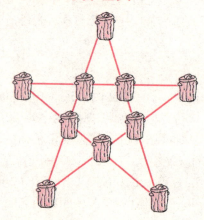

149.数列的秘密

A：500和1000，规律是交替乘以5和乘以2；B：203，规律是前一个数字乘以3再减去1，或者也可以看作是＋5，＋15，＋45，＋135。

150.天平不平

因为每个秤盘和金条的重量相同，所以只要把左边的金条移动一块到右边即可。即：（7＋1）3（3个轴心）＝24＝（4＋1＋1）4（4个轴心）。

151.最佳位置

因为这些用户沿着铁路排列，可以看成是一条直线。商店应在最中间两户间任意一点。

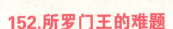

152.所罗门王的难题

所罗门王画的图中一共有31个不同的等边三角形。

153.3位不会游泳的人

他们要往返6次：

第一次：两个孩子乘小船到对岸，由一个孩子把船划回3个人所在的地方（另一个小孩留在对岸）。

第二次，把船划过来的孩子留在岸上，一个人划小船到对岸登陆。在对岸上的孩子把船划回来。

第三次，两个孩子乘船过河，其中之一把船划回来。

第四次，第二个人坐船过河。小船由小孩划过来。

第五次，同第三次。

第六次，第三个人过河。小孩把船划回来。所有人都顺利到达对岸。

154.必胜策略

蓬蓬的策略其实很简单，他总是报到3的倍数为止。如果亨亨先报，根据游戏规定，他或报1，或报1、2。若亨亨报1，则蓬蓬就报2、3；若亨亨报1、2，蓬蓬就报3。接下来，亨亨从4开始报，而蓬蓬视亨亨的情况，总是报到6为止。

以此类推，蓬蓬总能使自己报到3的倍数为止。由于30是3的倍数，所以蓬蓬总能报到30。

155.难以兑现的假期

实际上是办不到的，因为安排座位的数字太大了，它是362800，这个数字的天数相当于1000年。

156.相互搭配

4 × 8 × 4 = 128种。

157.数字城堡

4	6	11	13
9	15	2	8
14	12	5	3
7	1	16	10

158.高明的盗墓者

假如100这个数可以分成25个单数的话，那么就是说单数个单数的和等于100，即等于双数了，而这显然是不可能的。

事实上，这里共有12对单数，另外还有一个单数。每一对单数的和是双数，12对单数相加，它的和也是双数，再加上一个单数不可能是双数，因此，100块壁画分给25个人，每个人都不分到双数是不可能的。自首的盗墓者出这一招是想嫁祸给他的手下，好让自己一人私吞赃物。

159.水池扩容

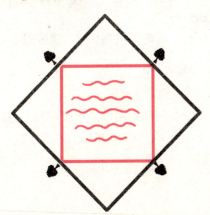

160.面积计算

7平方米。首先求出地毯之外的面积，再用房间的面积减去这部分面积即可。（1）是2平方米；（2）是3平方米；（3）是4平方米，房间面积为16平方米。16-（2+3+4）＝7（平方米）。

如图：

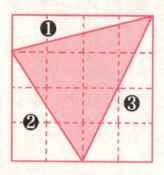

161.环球飞行计划

假设3架飞机分别为A、B、C。3架（A、B、C）同时起飞，飞行至1/8处，其中一架（A）分油后，安全返航；剩余两架（B、C）飞行到1/4处时，其中一架（B）分油后，安全返航；A降落后加油，马上起飞，逆向接应C；同样B降落后加完油，也立即逆向起飞，接应A、C；两架（A、C）在逆向1/4处相遇，分油后，一同飞行；3架（A、B、C）飞机在逆向1/8处相遇，分油后继续飞行，这样就可以完成任务了。

所以，3架飞机飞5次，就可以完成任务了。

162.简单的难题

将一个三角形沿中点拦腰剪开，先拼成一个小正方形，然后再拼成大的正方形。

如图：

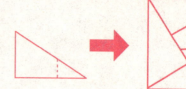

163.钱去哪儿了

原来每只鸡蛋可卖得1/3元，每只鸭蛋可以卖得1/2元，平均价格是每只（1/2+1/3）÷2＝5/12元。但是混卖之后平均每只鸭蛋或者鸡蛋都卖得2/5元钱，比第一天的平均价格少了5/12-2/5＝1/60元。60只蛋正好少了1元钱。

164.测量金字塔

挑一个好天气，从中午一直等到下午，当太阳的光线给每个人和金字塔投下长影时，就开始行动。

当测量者的影子和身高相等的时候，测量出金字塔阴影的长度，这就是金字塔的高度，因为当测量者的影子和身高相等的时候，太阳光正好是以45°角射向地面。

165.无价之宝

开始时只有一颗，第二天出现了6颗，第三天又出现了12颗，3天后又出现了18颗，计算公式为：1+6+12+18+24+30+36＝127颗。

166.果汁测量

老板倒4斤的果汁到小华的瓶子里，然后把这些果汁倒到小力的瓶子里，小力就得到他想要的果汁了。现在果汁桶里还剩下18斤的果汁，老板把这些果汁倒到小华的瓶子，直到桶里的果汁高度是圆桶的一半就可以了，最后只剩15斤，而小华也得到了他想要的3斤。

167.数学迷

1~6组成：54 × 3 = 162

1~8组成：582 × 3 = 1746

1~9组成：1738 × 4 = 6952

0~9组成：9403 × 7 = 658216

168.奇怪的数字

504。

因为7、8、9正好是一组倍数，所以7 × 8 × 9 = 504。

169.火中逃生

火中逃生顺序：

降下孩子→降下小狗，

升上孩子→降下威尼，

升上小狗→降下孩子→降下小狗，

升上孩子→降下孩子→降下妻子，

升上其他人及狗→降下孩子→降下小狗，

升上孩子→降下孩子→降下威尼，

升上小狗→降下小狗，

升上孩子→降下孩子。

170.一共几头牛

假设农场主留下的牛数为x，那么由题意可知：

妻子分得的牛为 $\frac{1}{2}x + \frac{1}{2}$ 头

长子分得的牛为 $\frac{1}{2}(x - \frac{1}{2}x - \frac{1}{2}) + \frac{1}{2}$

$= \frac{1}{4}x + \frac{1}{4}$

次子分得的牛为 $\frac{1}{2}(x - \frac{1}{2}x - \frac{1}{2} - \frac{1}{4}x - \frac{1}{4}) + \frac{1}{2} = \frac{1}{8}x + \frac{1}{8}$

三子分得的牛为 $\frac{1}{2}(x - \frac{1}{2}x - \frac{1}{2} - \frac{1}{4}x - \frac{1}{4} - \frac{1}{8}x - \frac{1}{8}) + \frac{1}{2} = \frac{1}{16}x + \frac{1}{16}$

$\frac{1}{2}x + \frac{1}{2} + \frac{1}{4}x + \frac{1}{4} + \frac{1}{8}x + \frac{1}{8} + \frac{1}{16}x + \frac{1}{16} = x$

解这个方程，得出x=15，因此，农场主留下了15头牛，妻子分得8头牛，长子分得4

头牛，次子分得2头牛，三子分得1头牛。

所以农场主留下15头牛。

171.新龟兔赛跑

不对。

乌龟的看法只看到了速度和距离，却没有考虑时间。事实上，兔子只要用10/9秒的时间就能与乌龟相遇，然后，兔子就跑到乌龟的前面去了。

172.龟兔再次赛跑

不会。在增加的10米中，兔子还是领先乌龟1米左右。

173.借钱

只要让乙、丙、丁各拿出10元钱给甲就可以了，这样只动用了30元钱，否则，每个人都按照顺序还清的话就要动用100元钱。

174.白酒和水

一样多。第二次取出的那勺水，因为它和第一勺体积相等，都设为a。假设这勺混合液中白酒所占体积为b，那么倒入第一杯白酒的水的体积为a-b。第一次倒入水的白酒为a，第二次舀出b体积白酒，则水里还剩a-b体积白酒。所以白酒杯里的水和水杯里的白酒一样多。

175.花数相连

问号处应该是21，参考下图：

 12　 3

 9　 5

 7

176.扑克游戏

有胜算。

假设朝上的是√，朝下的是√或×的机会并不是一半一半。

朝下的是√的机会有两个：一个是第一张卡片的正面朝上时；另一个是第一张卡片的反面朝上时。但反面的是×的机会，只有当第二张卡片正面朝上的时候。

也就是说，只是回答朝上那面的图案，他就有2/3机会赢。

第四部分　数学思维谜题（下）

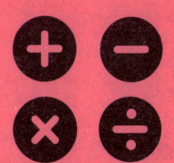

177.错按了乘法键

欧皮皮陪马琪琪去一家商店买东西,马琪琪挑选了4件小饰品,欧皮皮心里算了一下,总共6.75元,其中有一件只有一元钱。当马琪琪准备付钱时,欧皮皮发现店主用计算器算价时按的不是加法键,而是乘法键!他正准备提醒店主时,却奇怪地发现,计算器算出的数字也是6.75元。店主没有按错数字。那么,小朋友,你知道这4件小饰品的单价各是多少吗?

178.金字塔谜题

观察金字塔中数字的摆放规律,求A、B、C的值。

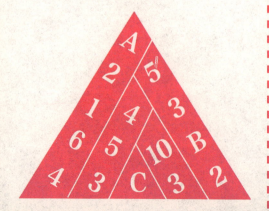

179.小猫快跑

同同和苏苏一起出去玩,苏苏带了一只小猫先出发,10分钟后同同才出发。同同刚一出门,小猫就向他跑过来,到了同同身边后马上又返回到苏苏那里,就这么往返地跑着。如果小猫每分钟跑500米,同同每分钟跑200米,苏苏每分钟跑100米的话,那么从同同出门一直到追上苏苏的这段时间里,小猫一共跑了多少米?

180.鸡蛋知多少

有甲、乙两个农妇,共带了100个鸡蛋去卖。一个带的多,一个带的少,但卖了同样的钱。甲农妇对乙农妇说:"如果我有你那么多的鸡蛋,我能卖15元。"乙农妇说:"如果我有你那么多的鸡蛋,只能卖20/3元。"

小朋友,你知道她们各自带了多少个鸡蛋吗?

181. 错误的等式

62 - 63 = 1是个错误的等式，能不能移动一个数字使得等式成立？小朋友，如果要移动一个符号让等式成立，那又应该怎样移呢？你知道吗？

62-63=1

182. 见面分一半

一只从没出过远门的小猴子跑到一片桃园里，摘了很多的桃背起来就走。没走几步，就被山神拦住了，山神说见面分一半。小猴子只好无奈地把桃分了一半给山神。分完以后，山神看见小猴子的包里有一个特别大的桃，又拿走了那个桃。

小猴子非常不高兴，背着桃悻悻地走了。没走一里路，又被风爷爷拦住了，同样风爷爷从小猴子的包里也拿走了一半外加一个。之后，小猴子又被雨神、电神、雷神用同样的方法拿走了桃。等小猴子到家的时候，包里只剩下了一个桃。小猴子心想：反正就只有一个，干脆我自己吃了吧。这下，却被妈妈看见了。小猴子委屈地向妈妈诉说自己的遭遇。妈妈问它原来有多少个桃子，小猴子说它也不知道有多少个桃，而且他们每人拿走了多少也不知道。但妈妈一算就知道小猴子原来有多少个桃子了。聪明的小朋友，你知道了吗？

183. 分糖果

3个小女孩一共有770颗糖果，她们打算如往常那样，根据她们年龄的大小按比例进行分配。以往，当二姐拿4颗糖果时，大姐拿3颗；而每当二姐得到6颗时，小妹可以拿7颗。小朋友，你知道每个女孩可以分到多少颗糖果吗？

184. 年龄的秘密

一个人自从他出生以来，每年生日的时候都会有一个蛋糕，上面插着等于他年龄数的蜡烛。迄今为止，他已经吹灭了231只蜡烛，小朋友，你知道他现在多少岁了吗？

185. 蜡烛的生命

房间里的电灯突然熄灭——保险丝烧断了。妈妈点燃了备用的两支蜡烛,在烛光下继续看书,直到哥哥把保险丝换好。

第二天,需要确定昨晚断电共有多长时间。妈妈当时没有注意断电开始的时间,也没有注意是什么时候来的电,也不知道蜡烛原来的长度。她只记得两支蜡烛是一样长短的,但粗细不同。其中粗的一支能用5个小时(全用完),细的一支4个小时用完。两支蜡烛都是经她点燃的新烛。她没找到蜡烛的剩余部分,儿子把它扔掉了。

"残烛几乎都烧光了,已不值得保留。"儿子这样回答。"你能记得残余部分有多长吗?""两支蜡烛不一样,一支残余的长度等于另一支残余的4倍。"

妈妈根据上面的资料,算出了蜡烛的燃烧时间。小朋友,你也能算出蜡烛燃烧的时间吗?

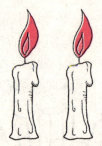

186. 匪夷所思的数

有这样一个数,它乘以5后加6,得出的和再乘以4后加9,然后再乘以5得出的结果减去165,把最终结果的最后两位数遮住就回到了最初的数。小朋友,你知道这个数是多少吗?

$$[(? \times 5 + 6) \times 4 + 9] \times 5 - 165$$

187. 找萝卜

在一个表格里有几只兔子,每只兔子都有一棵专属于自己的胡萝卜,这棵胡萝卜有可能紧邻在兔子的四周,但不可能出现在兔子的对角线位置。同时,两棵胡萝卜也不能相邻,也就是说,它们彼此之间不能接触。位于每行和每列的胡萝卜数目已经标示在表格旁了,兔子们的食物到底在哪里呢?

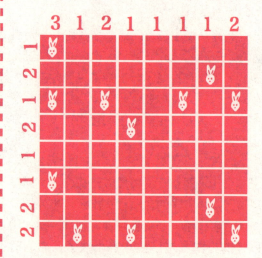

188. 模型飞机

一家工厂的4名工人每天工作4小时,每4天可以生产4架模型飞机,那么8名工人每天工作8小时,8天能生产几架模型飞机?

189. 猜猜看

　　壮壮所在城市的电话号码是四位数。一次他搬了新家，得到了一个非常不错的电话号码。这个电话号码很好记：新号码正好是原来号码的4倍；原来的号码从后面倒着写正好是新的号码。

　　小朋友，现在你能够推测出他的新电话号码吗？

190. 乌龟和青蛙的赛跑

　　乌龟大哥自从和兔子赛跑输了以后，就发誓再也不和兔子比赛了，改和青蛙进行100米比赛。结果，乌龟以3米之差取胜，也就是说，乌龟到达终点时，青蛙才跑了97米。

　　青蛙有点不服气，要求再比赛一次。这一次乌龟从起点线后退3米开始起跑。

　　假设第二次比赛它们的速度保持不变，那么是谁赢了第二次比赛？

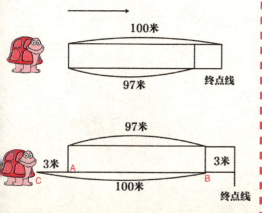

191. 用多少时间

　　如果挖1米长、1米宽、1米深的池子需要12个人干两小时。那么6个人挖一个长、宽、高是它两倍的池子需要多少时间呢？

192. 古代数学题

　　标点不仅仅应用在写作中，正确使用标点符号对解数学题也有很大帮助。下面是一道古代数学题，没有标点，小朋友，你能正确标出标点，然后计算出来吗？

　　三角几何共计九角三角三角几何几何

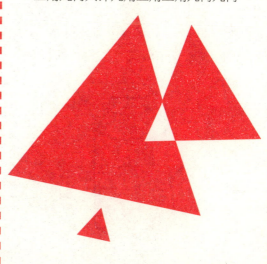

193.钓鱼

大张、老李和小王周末的时候出去钓鱼，回来的时候碰上一位同事，同事问他们每人钓了几条鱼。老李自豪地说："俺老李钓的鱼跟他们两个钓的加起来一样多。"大张说："小王钓到的最少，不过要是把我们三个人钓的条数相乘的话，一共是84条。"

小朋友，想一想，大张、老李和小王他们各钓了多少条鱼？

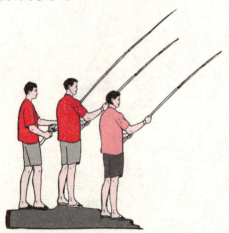

194.牛奶有多重

大龙买了一大瓶的牛奶，他不知道牛奶重多少，但知道连瓶子共有3.5千克。现在，他喝掉了一半牛奶，连瓶子还有2千克。小朋友，你知道瓶子有多重、牛奶又有多重吗？

195.年龄秘诀

一个魔术师有一个猜年龄的秘诀。

它是这样的一个魔力公式，这个公式通常会把人的出生年月日和年龄泄露出去，这对于那些年龄比较大的女士来说是一个致命的伤害，她们特别憎恨魔术师。

这位魔术师的公式如下：

（出生月日）× 10 + 20 × 10 + 165 +（你的年龄）= ？

把你的出生年月日和年龄对号入座地填入上面这个公式（千万不要给魔术师看到），然后将最后的数字告诉给魔术师，他就知道你的年龄是多少。

小朋友，你知道秘诀在哪里吗？

196.薯条换购

现在薯条正在进行促销活动，商店免费以一包薯条与顾客交换8个包装袋。玛丽立刻行动起来，找到了71个薯条的包装袋，那么她最多可以换到多少包薯条呢？

197.得了多少分

皮皮和琪琪进行猜谜语比赛，答对一题得6分，答错一题扣3分，最后皮皮得了80分，琪琪得了77分。

小朋友，你说，可能吗？

198.搬救兵

一只蜜蜂外出采花粉，发现一处蜜源，它立刻回巢招来10个伙伴，可还是弄不完。于是每只蜜蜂回去各招来10只蜜蜂，大家再采，还是剩下很多。于是蜜蜂们又回去叫伙伴，每只蜜蜂又叫来10个伙伴，但仍然采不完。蜜蜂们再回去，每只蜜蜂又叫来10个伙伴。这一次，终于把这一片蜜源采完了。

小朋友，你知道采这块蜜源的蜜蜂一共有多少只吗？

199.数字幻方

将1到25这25个自然数分别填入下图的方格中，使每行、每列和每条对角线上的数字之和为65，而且要求涂了颜色的方格中的数字之和必须是奇数。

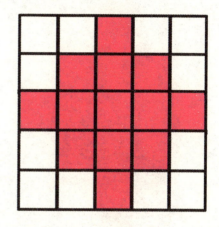

200.操场位置

体育老师在一个正方形的操场上设立了一些位置。在表格中标上的数字代表学生所在的位置，除此之外，这些数字也表示与该学生相邻的空格中站着几个人，例如"0"表示该学生周围没有人。

现在，请你想一想，怎么才能将所有的学生正确地标示在方格中呢？

2			
			0
2	2		1
		1	
1			

201. 半个柠檬

多多把柠檬总数的一半加半个放在屋子的东面,把剩下的一半加半个的1/2放在屋子的西面。另一个被藏在冰箱上面,不过柠檬的总数少于9个。小朋友,你知道多多一共有多少个柠檬吗?

注意:柠檬不能切成半个。

202. 猫和老鼠

有一只猫发现离它10步远的前方有一只奔跑着的老鼠,便马上紧追。猫的步子大,它跑5步的路程,老鼠要跑9步。但是老鼠的动作快,猫跑两步的时间,老鼠能跑3步。

请问:按照现在的速度,猫能追上老鼠吗?如果能追上,它要跑多远才能追上老鼠?

203. 岛上的鸵鸟蛋

甲、乙、丙、丁4个人暑假里到4个不同的岛屿去旅行,每个人都在岛上发现了鸵鸟蛋(1个到3个)。4个人的年龄各不相同,从18岁到21岁。

目前只知道下列情况:

(1)丙是18岁。

(2)乙去了A岛。

(3)21岁的男孩发现的蛋的数量比去A岛男孩的少一个。

(4)19岁的男孩发现的蛋的数量比去B岛男孩的少一个。

(5)甲发现的蛋和去C岛的男孩发现的蛋之中,有一处是两个。

(6)去D岛的男孩发现的蛋比丁发现的蛋要少两个。

小朋友,他们分别是多少岁?分别在哪个岛上发现了多少个鸵鸟蛋?

204. 赚了多少钱

一个人从市场上花8元钱买了只鸡,买了之后想想不合算,就9元卖掉了。卖掉之后突然又嘴馋,于是又花10元钱买了回来。回家一看家里有鸡,就又11元卖掉了。这个人赚了多少钱?

205.多少只羊

甲赶了一群羊在草地上往前走，乙牵了一只羊紧跟在甲的后面。乙问甲："你这群羊有100只吗？"甲说："如果再有这么一群，再加半群，又加1/4群，再把你的一只凑进来，才满100只。"小朋友，甲原来赶的那群羊有多少只？

206.动物园里的动物们

一日，可可独自一人到动物园里去观赏动物。他一共只看了猴子、熊猫和狮子3种动物。这3种动物的总数量在26只到32只之间。

根据下面的情况，请你说说这3种动物各有多少只？

（1）猴子和狮子的总数量要比熊猫的数量多。

（2）熊猫和狮子的总数量要比猴子的总数的2倍还要多。

（3）猴子和熊猫的总数量要比狮子数量的3倍还多。

（4）熊猫的数量没有狮子数量的2倍那么多。

207.篮球比赛

某县的5所中学进行篮球比赛，每所中学互赛一场进行循环赛。比赛的结果如下：

一中：2胜2败

二中：0胜4败

三中：1胜3败

四中：4胜0败

小朋友，五中的成绩如何，你知道吗？

208.猜号码

小小参加学校的运动会，他的运动服上的号码是四位数。一次，同桌倒立着看小小的号码时，发现变成了另外的四位数，还比原来的号码要多7875。小朋友，你知道小小运动服上的号码是多少吗？

209.独特的靶子

射击场上有一个独特的靶子，上面用数字标好了每环的分数，如下图。小朋友，假如你是射击手，你一共需要射多少支箭才能使总分正好等于100分？

210.倒牛奶的学问

有两个桶，一个桶里盛着纯净的矿泉水，另一个桶里盛着牛奶，由于乳脂含量过高，必须用水稀释才能饮用。现在把A桶内的液体倒入B桶，使其中液体的体积翻了一番。然后又把B桶里的液体倒入A桶，使A桶内的液体体积翻番。最后，将A桶中的液体倒进B桶中，使B桶中液体的体积翻番。此时发现每个桶里剩有等量的液体，在B桶中，水要比牛奶多出1升。小朋友，开始时每个桶里有多少水和牛奶，而在结束时，每个桶里又有多少水和牛奶？

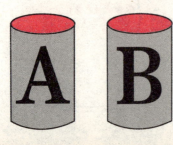

211.圆圈填数

图中的9个圆圈组成4个等式，其中3个是横式，一个是竖式。小朋友，你知道如何在这9个圆圈中填入1~9这9个数字，使得这4个等式都成立吗？

注意：1~9这9个数字，每个必须填一次，即不允许一个数字填两次。

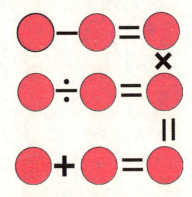

212.发现蓝宝石

在表格的每一行、每一列中，隐藏了若干宝石，其数量如同表格边的数字所揭示。此外，在某些方格中标记了箭头的符号，意思是：在箭头的方向藏有蓝宝石，当然在这个方向暗藏的蓝宝石可能不止一个。换句话说，每个箭头所指处，至少能找到一个蓝宝石。请在表格中标出你所认为的蓝宝石，小朋友，你看你能找到多少个？

	1	1	1	3	1	2	1	3
1	→		↓					
1		→						
1			→	→	↓			
1		↑		→	→			
2			↗			↓		
3			↖					←
1		→			↗		↗	
3		↗						

213.玩牌

3个探险家结伴去原始森林探险，路上觉得十分乏味，就聚在一起玩牌。第一局，甲输给了乙和丙，使他们每人的钱数都翻了一番。第二局，甲和乙一起赢了，这样他们俩钱袋里面的钱也都翻了倍。第三局，甲和丙赢了，这样他们俩钱袋里的钱又翻了一倍。因此，这3位探险家每人都赢了两局而输掉了一局，最后3个人手中的钱是完全一样的。细心的甲数了数他钱袋里的钱，发现他自己输掉了100元。小朋友，你能推算出来甲、乙、丙3人刚开始各有多少钱吗？

214.移动麦袋

图中9袋小麦的摆法是两边各一袋，然后各两袋，中间有3袋。如果我们以左边第一只麦袋上的数字7乘以临近的两只麦袋上的28，得196，正好等于中间3袋上的数。但是右边的5乘以34并不等于196。现在请重新摆放这9只麦袋，使得两边麦袋上的数字乘以相邻的两只麦袋上的数，都等于中间3袋上的数。那么至少需要移动几个麦袋？小朋友，你知道该怎么移吗？

215.补充六线星形

请在圆圈里各填入一个从1到12的数字，使各个边上的圆圈内的数字之和为26。但是，已经写入的数字不能移动。

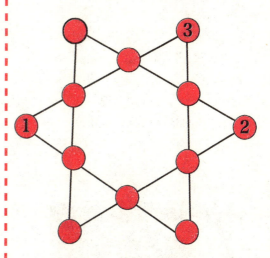

216.数学家的墓志铭

一位数学家的墓碑上刻着这样一段话：过路人，底下是我一生的经历，有兴趣的可以算一算我的年龄：我的生命前1/7是快乐的童年，过完童年，我花了1/4的生命钻研学问。在这之后，我结婚。婚后5年，我有了一个儿子，感到非常幸福。可惜我的孩子在世上的光阴只有我的一半。儿子死后，我在忧伤中度过了4年，也跟着结束了我的一生。

根据墓碑上所刻的信息，小朋友，你能计算出他的年龄吗？

217.诗中的数字游戏

被誉为诗仙的李白，有一首著名的诗《静夜思》，这首诗共有20个字，恰好组成了下列两组算式：

床前 = 明月 + 光

疑是 = 地上 + 霜

举头 × 望 = 明月

低头 × 思 = 故乡

其中，每个汉字分别代表0~9的一个不同的数字；相同的汉字表示相同的数。你能破解这个算式的谜题，把每个字代表的数字写出来吗？

提示：可以以诗中的头字为解题点。

218.1~8的魔方

你能将1~8的自然数填入图中的八角格中，使相邻两数之间没有直线连接吗？

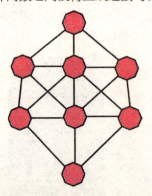

219.酒徒间的较量

一群酒徒聚在一起要比酒量。先上一瓶，各人平分。这酒真厉害，一瓶喝下来，当场就倒了几个，于是再来一瓶，在余下的人中平分，结果又有人倒下。现在能坚持的人虽已很少，但总要决出个雌雄来。于是又来一瓶，还是平分。这下总算有了结果，全倒了。只听见最后倒下的酒徒中有人咕哝道：嗨，我正好喝了一瓶。

小朋友，你知道一共有多少个酒徒在一起比酒量吗？

220.古董商的交易

有一位古董商收购了两枚古钱币，后来又以每枚60元的价格出手了这两枚古钱币。其中的一枚赚了20%，另一枚赔了20%。小朋友，算一算，和他当初收购这两枚古钱币相比，这位古董商是赚是赔？还是持平了？

221.菱形迷宫

把数字1到12不重复地填入下面由菱形组成的迷宫中，使每一个菱形4个角上的数的和都是26。

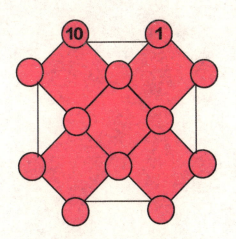

222.施罗德阶梯

这个魔术阶梯是有名的施罗德阶梯，如果你将它倒过来看就知道它有什么特别之处。

现在请在每一阶上各放一张黑色和白色的卡片，使每一阶卡片的数字之和形成5个连续的数字（即9、10、11、12、13）。

223.生日聚会

在拉拉的13岁生日聚会上，来了12个小孩。每4个小孩属于一个家庭，共有甲乙丙这3个不同的家庭，当然也包括拉拉所在的家庭，这13个孩子，除了拉拉13岁外，其余的都不到13岁，而且每个孩子的年龄都各不相同。在1~13这13个数字中，除了某个数字以外，其余的数字都表示某个孩子的年龄。把每个家庭孩子的年龄加起来，得出以下结果：

甲家庭：年龄总数41，包括一个12岁；
乙家庭：年龄总数23，包括一个5岁；
丙家庭：年龄总数21，包括一个4岁；
小朋友，拉拉是属于哪个家庭呢？

参考答案

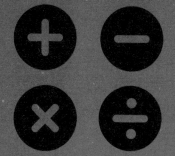

177.错按了乘法键

假设不知道价格的3件小商品的价格分别为x、y、z，根据题意，可以得出：

$$\begin{cases} x+y+z=5.75 \\ x \times y \times z=6.75 \end{cases}$$

这是一个只有两个条件的三元方程，因此我们只能试算。

$6.75 \div 3 = 2.25$元。若其他3件商品都是2.25元，那么就与第一个式子相悖。因此，必须把"3"分为两件小饰品的价格，根据题意，只有一件小饰品为1元，那么我们就排除了$1 \times 3 = 3$的情况，所以只能是$1.5 \times 2 = 3$。此时，$1.5 + 2 + 2.25$等于5.75，与方程1相吻合。

最后我们还验证一下，用$1.5 \times 2 \times 2.25 \times 1 = 6.75$，满足题目中的所有条件。

因此，4件小饰品的单价分别为1元、1.50元、2元、2.25元。

178.金字塔谜题

每一条格子里的数字的乘积等于比它略长一点的格子里的数字乘积的一半。因此，C $=15$，B $=4$，A $=5$。

179.小猫快跑

小猫跑了5000米。小猫的奔跑速度是不变的，只需要知道小猫跑了多长时间，就可以算出它的奔跑路程。而同同追上苏苏用了10分钟，因此小猫跑了5000米。

180.鸡蛋知多少

设甲农妇带了x个鸡蛋，乙农妇带了y个鸡蛋，由题意可得出

$$\begin{cases} x+y=100 \\ 15 \div y \times x = 20/3 \div x \times y \end{cases}$$

解方程得，x $=40$，y $=60$。所以，甲农妇带了40个鸡蛋，乙农妇带了60个鸡蛋。

181.错误的等式

（1）把62移动成2的6次方。

（2）把后面等号上的一横移动到前面的减号上，使等式成为$62 = 63-1$。

182.见面分一半

小猴子原来有94个桃。假设小猴子原来有X个桃；第一次分完，剩下$X/2 - 1$；第二次分完，剩下$X/4 - 6/4$；第三次分完剩下$X/8 - 14/8$；第四次分完剩下$X/16 - 30/16$；第五次分完剩下$X/32 - 62/32$。如此列出式子$X/32 - 62/32 = 1$，求出结果即可。这个规律是我们以后会学到的，第n次后剩下的为$X/2^n - (2^1 + 2^2 + \cdots + 2^n)/2^n$。

183.分糖果

从题中的数据可以知道，女孩的分配比例应为$9 : 12 : 14$。因此，770颗糖果的分法如下：大姐分到198颗，二姐分到264颗，小妹分到308颗。

184.年龄的秘密

是21岁。计算方法很简单，就是将从1开始以后的连续自然数相加，到210的时候，最后一个数字是21。

185.蜡烛的生命

两支蜡烛各点燃了3小时45分钟。粗、细原长我们都用1来表示，假设均燃烧了x小时。那粗蜡烛最后剩下$1 - x/5$，细蜡烛剩下$1 - x/4$，根据题意，得出：$1 - x/5 = 4 \times (1 - x/4)$，解方程式，得出x $= 3.75$，即3小时45分钟。

186.匪夷所思的数

任何整数。这个奇妙的组合算出来的数遮住后面的00，得到的永远都是最初的数。

187.找萝卜

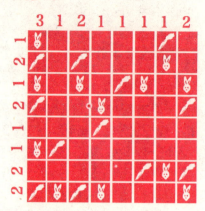

188.模型飞机

32架。可以这样计算:4人工作4×4小时生产4架模型飞机,所以,一人工作4×4小时生产一架模型飞机,这样每人每小时就生产1/16架模型飞机。

因此,8人每天工作8小时,一共工作8天,生产的模型飞机数目就是8×8×8×1/16＝32架。

189.猜猜看

新号码是8712。假设原号码是abcd,那新号码则为dcba。根据题意,得出dcba＝4×abcd,我们知道每一位上的数字为0到9的整数,且a和d都不能为0。因为4×abcd没有进位,显然a只能是1或2。又因为4×d得出一个a,显然有进位,a只能为2,d为3或8。又千位上有2×4,显然d为8。而其余两个:又4×c+3得到b,而4×b加上进位或不加得到c,没有进位。显然b最大取2,因为a为2,故b只能是1或0,显然0不合适,故b为1,而c不能等于2,又想得到1,显然c只能等于7,因此得出结论。

190.乌龟和青蛙的赛跑

很多人可能会认为第二场比赛的结果是平局,其实这个答案是错误的。因为由第一场比赛可知,乌龟跑100米所需的时间和青蛙跑97米所需的时间是一样的,因此,如图所示,在第二场比赛中,乌龟和青蛙同时到达B点,而在剩下的相同的3米距离中,由于乌龟的速度快,所以,当然还是它先到达终点。

191.用多少时间

32小时。这个洞的容积是第一个洞的8倍,因此12个人来挖的话需要的时间是原来的8倍,6个人来挖就需要原来的16倍。

192.古代数学题

《三角》《几何》共计九角。《三角》三角,《几何》几何?

《几何》书价是六角。

193.钓鱼

老李钓到了7条,大张钓到了4条,小王的最少,只钓到了3条。

194.牛奶有多重

牛奶的一半重3.5-2 ＝ 1.5千克,牛奶重1.5×2 ＝ 3千克。瓶子重3.5-3＝0.5千克。

195.年龄秘诀

这是一个通用的式子。把最后的数字扣掉365,前四位数就是你的出生月日,剩下的十位与个位数就是你的年龄。

196.薯条换购

玛丽可以换到10包免费的薯条。先用64个包装袋换8包薯条;吃完后,用这8个包装袋换一包薯条;再吃完,与原来剩的7个包装袋加在一起刚好8个包装袋,又可以换一包。所以,玛丽最多可以换10包薯条。

197.得了多少分

不可能。6与3都是3的倍数，最后的得分也应是3的倍数，而80与77都不是3的倍数。

198.搬救兵

一共有14641只蜜蜂。

第一次搬兵：1 + 10 = 11（只）

第二次搬兵：11 + 11 × 10 = 11 × 11 = 121（只）

第三次搬兵：……

一共搬了4次兵，于是蜜蜂总数为：11 × 11 × 11 × 11 = 14641（只）

199.数字幻方

相信不少人都看过《射雕英雄传》，当然记得瑛姑曾给黄蓉出过这样一道题：用1到9这9个数排成3行3列，使每行、每列之和相等，这就是最简单的幻方。本题有些难度，起初有种茫然不知所措之感，但这种数学幻方很能培养人的推理力、分析力、逻辑力和观察力，使人享受到数学带来的乐趣和数学图形的美感。

14	10	1	22	18
20	11	7	3	24
21	17	13	9	5
2	23	19	15	6
8	4	25	16	12

200.操场位置

○	2			
	○		0	
	2	2		1
			1	○
1				

201.半个柠檬

单数的一半再加上半个，正好是整数，可取3、5、7。但3、5不符合条件，所以可以推断出柠檬的总数一共是7个，其中4个被藏在屋子的东面，2个被藏在屋子的西面。

202.猫和老鼠

能。猫要跑60步才能追上老鼠。这道题关于速度有两种描述，一种是步子大，一种是频率高。因为文中出现过两者相距的距离，所以我们以这个为参考。可以取距离为1的路程做基准，单位不限制，那根据题意，猫一步是1/5，老鼠一步是1/9。假设猫x步可以追上老鼠，那这个过程中老鼠跑了3x/2步，那老鼠跑的距离就是1/9 ×（3x/2），即x/6。而猫跑的路程是x/5，两者间相距猫的10步，即相距2，列出式子为：x/5 - x/6 = 2，解出x为60，即猫要跑60步才能追上老鼠。

203.岛上的鸵鸟蛋

根据条件（6）得知，丁是3个。18岁的男孩是丙，21岁的男孩发现一个或者两个鸵鸟蛋，19岁的男孩也发现一个或者两个鸵鸟蛋，所以丁是20岁。

因为21岁的男孩不是去了A岛（2），所以，21岁的是甲，由此可以推断，19岁的是乙。假设甲有两个鸵鸟蛋的话，那么乙就有3

个，这与（4）相互矛盾。所以，甲是一个，乙是两个。因此可知，去C岛的人发现了两个，去C岛的是丙。

根据条件（6）可知，甲去了D岛，剩下的丁去了B岛。

详见下图：

	年龄	岛	蛋
甲	21岁	D	1个
乙	19岁	A	2个
丙	18岁	C	2个
丁	20岁	B	3个

204.赚了多少钱

第一次9元钱卖鸡时赚1元，第二次11元卖掉时，又赚了1元。总共是两元。

205.多少只羊

本题载于我国明代著名数学家程大位的《算法统宗》一书上。

$(100-1) \div (1+1+1/2+1/4) = 36$只。

206.动物园里的动物们

猴子9只，熊猫13只，狮子7只。假设猴子、熊猫和狮子的数量分别为a、b、c，根据题意$26 < a+b+c < 32$。根据（1），$a+c > b$，根据不等式的传递，$32 > a+c+b > 2b$，推出$b < 16$；$26 < a+b+c < 2(a+c)$，推出 $a+c > 13$。同理根据（2）（3），推出$a < 10$，$c < 8$。$b+c > 17$，$a+b > 19$。根据（4），得出$b < 2c$。

接下来我们就开始限制这几个数的数值了。c最大取7，先取6，这时根据$b < 2c$，显然b最大取11，而根据$b+c > 17$，b最小取12，显然存在矛盾。而且，c取值越小，b则需要越大，如此出现一样的矛盾，所以c只能取7。

则b最小取11，最大取13，这就有3种情况。当c为7，b为11，根据$a+b > 19$和$a < 10$，得出a只能取9，而显然与$c+b > 2a$矛盾。当c为7，b为12，根据$a+b > 19$和$a < 10$，得出a取8或9，显然均与$a+b > 3c$矛盾。当c为7，b为13，根据$a+b > 19$和$a < 10$，又$a+b > 3c$，得出a取9，核查之后无矛盾，显然这是最终唯一结果。

207.篮球比赛

3胜1败。

全部共有10场比赛，各校都必须跟其他4所学校对打一场，$4 \times 5 = 20$（场），但是每场有两校比赛，所以$20 \div 2 = 10$（场）。也就是说，总共应该会有10胜。一至四中合计共有7胜，那么剩下的3胜便是五中的了，也就可以马上算出五中有1败了。

208.猜号码

他运动服上的号码是1986。假设原来数字为abcd，新数字为dcba，这里先未考虑倒立后数字变化的情况。这道题和之前题比较相似，唯一不同的是可以倒立去看则表示数字为9、8、6、0、1。根据题意，$dcba - abcd = 7875$，先看最后一位，a减d得5，显然d不能为1，否则结果不会是四位数，那a必然借了一位才可以减d，那a为1，d为6，而6倒立则为9，显然新数字中d为9。再看这个式子变成了$9cb1 - 1bc6 = 7875$，显然百位上c减b有借位后得到8，b显然比c大，十位数上b被借走1后减c得到7，b为8，则c为0，与百位不合适；当新数字b为9时，c为1，显然旧的b为6，则式子为$9191 - 1616$，显然不合适。那新数字b为6时，c为8，而旧的b为9，则式子为$9861 - 1986 = 7875$，成立，所以旧的数字是1986，倒立过来就是9861。

209.独特的靶子

一共要射6支箭。各箭的得分是17、17、17、17、16、16。

210.倒牛奶的学问

开始时，A牛奶桶里有5又1/2升水，B桶里有2又1/2升牛奶。在倒来倒去的过程结束时，A桶中有3升水和1升牛奶，而在B桶中有2又1/2升水和1又1/2升牛奶。

211.圆圈填数

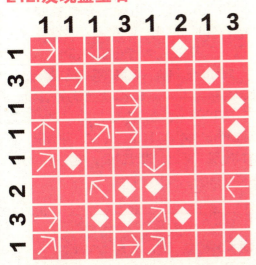

212.发现蓝宝石

213.玩牌

刚开始甲有260元，乙有80元，丙有140元。
提示：用倒推法。

214.移动麦袋

至少移动5个麦袋，麦袋的摆放次序是：2、7、8、1、5、6、3、9、4。

215.补充六线星形

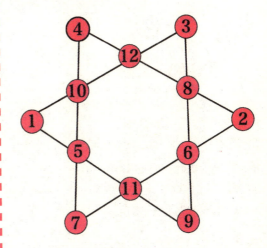

216.数学家的墓志铭

84岁。假设数学家的年龄为X岁。根据碑文很容易列出方程：$X = X/7 + X/4 + 5 + X/2 + 4$，即可解出$X = 84$。

217.诗中的数字游戏

7 1	=	6 8	+	3
9 0	=	4 5	×	2
3 4	×	2	=	6 8
1 4	×	5	=	7 0

218.1~8的魔方

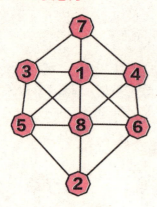

219.酒徒间的较量

一共有6个酒鬼。

220.古董商的交易

他赔了5元。假设甲古币收购时花了A元，乙古币B元，那么，A÷（1+20%）=60，B÷（1-20%）=60。得A=50，B=75，A+B=125，因此赔了5元。

221.菱形迷宫

由于4个数字相加之和是26，考虑到1到12这12个数在5个菱形中其大小宜协调、均衡分布，因此每组数字两两之和适宜在12~14之间，如10+4=14，7+5=12，6+7=13，9+3=12，等等。这样考虑的话，填数就简单得多了。

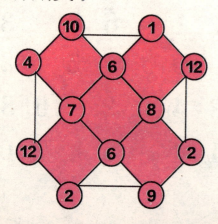

222.施罗德阶梯

施罗德阶梯为你提供一个有用的信息：你要将卡片中的6和9倒过来放，这样卡片就能形成连续数字（9、10、11、12、13）。

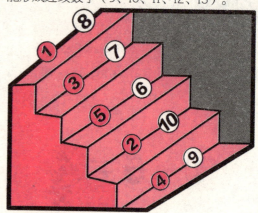

223.生日聚会

拉拉属于乙家庭。甲家庭的年龄组合为8、10、11、12；乙家庭的年龄组合为5、13、2、3；丙家庭的年龄组合为1、4、7、9。

用假设法求解。假设拉拉属于乙家庭，则乙家庭年龄组合只能是5、13、2、3。而丙其他3个孩子年龄和为17，有两种情况：1、7、9和1、6、10。而甲其他3个孩子年龄和为29，只有8、10、11一种情况，显然乙家庭只能取1、7、9组合，没有矛盾，假设成立。

假设拉拉属于丙家庭，则丙家庭年龄组合只能是4、13、1、3。同上推理方式，得出甲家庭3个孩子组合只有8、10、11一种；而乙家庭3个孩子组合只有2、6、10一种情况，显然10出现了两次，假设错误。假设拉拉为甲家庭的叙述略，过程同上。

第五部分　常识谜题

224.小顽童的把戏

小顽童最喜欢搞些自以为是的小把戏，常常把大人们逗得乐翻了天。一天，他摆出这样一个把戏：在一只睡着的小猫的背上放上一根杠杆，在杠杆的左边放一只足球，杠杆的右边放一支正在燃烧的蜡烛，此时杠杆正好平衡。假设在蜡烛燃烧尽之后猫还没有醒来，也没有动一下，或者翻一下身，那么，足球将滚向左边还是右边？

226.谁是对的

两位数学老师面对面坐在办公室看同一份作业，她们为了其中的一道题目争得面红耳赤，其中一个说："这个等式是正确的。""不，这完全是错误的。"另一个说。

小朋友，你知道她们看的是一个什么式子吗？

225.面目全非的台历

上个月30号是小白的生日。当天晚上有一个吃剩的蛋糕被小白随手扔在书桌的台历上。第二天早上醒来，小白发现蛋糕被贪吃的老鼠啃得面目全非，就连台历也被老鼠咬得乱七八糟，只能从仅存的部分依稀看到几个字（如图）。根据这些仅存的数字，你能否推测出这个月的1号是星期几？

227.会遇到几艘客轮

每天上午都有一艘客轮从香港出发开往费城，同一时间同一个公司也有一艘客轮从费城开往香港。客轮走一个单程需要7天7夜。小朋友，今天上午从香港开出的客轮，将会遇到几艘从对面开过来的同一个公司的客轮呢？

228.机智的阿凡提

有一次，财主把阿凡提抓了起来，他把阿凡提绑在水池的柱子上，然后又在水面上放了很多大冰块。这时，水面正好淹到阿凡提的脖子，财主想等到冰块融化了后淹死阿凡提，但阿凡提却丝毫不害怕。小朋友，你知道冰块融化了之后水面会上升多高吗？

229.月夜凶杀案

在东北的一个小镇，一条小河从东向西流过小镇。一个月圆之夜，一桩谋杀案打破了小镇的平静，法医推算出案件应该发生在晚上9点左右，并且很快找到了嫌疑犯，刑警立即对他进行审问。

"昨晚9点左右你在哪儿？"

"在河边与我的女朋友谈话。"

"你坐在河岸哪边？"

"在南岸。昨天是满月，河面上映出的月亮真好看！"

"你说谎！这么说，犯罪的就是你。"

小朋友，你知道刑警的根据是什么吗？

230.水会溢出来吗

在一个盛满水的鱼缸里，将小木块、小石块或者橡皮等物品放进去，水就会从鱼缸里溢出来。但是，把一条与上述物品同样体积的小金鱼放进去，水会不会溢出来呢？

231.雪夜疑案

由于前一夜下大雪，这天早晨的气温降到了零下5摄氏度。刑警就一桩凶杀案在询问嫌疑犯不在场的证明："昨晚11点左右你在哪里？"这位寡居的女性回答说："大约9点半，我的旧电视发生短路，然后停电了。因为我对电器一窍不通，自己无法修理，所以只好睡了。今天在你们来访前半个小时，我打电话给电器行，他们却告诉我，只要把大门口的安全开关打开便会有电。没想到竟会这么简单！"

但刑警只扫了一眼旁边鱼缸里游动的热带鱼，便知道了她话里的破绽。

小朋友，你知道刑警的证据是什么吗？

232.死者的暗示

警察甲、乙在讨论刚接手的谋杀案。一个寡妇死在梳妆台前，头部被击，几乎没有线索。

甲说："你注意了吗？死者手里抓着一串珍珠项链。人是死在梳妆台前，她是正在打扮时被害的，当然拿着项链了。"

乙说："不，死者的脖子上已经有项链了，她不会再戴项链了。可能凶手也是个女人，她在搏斗中揪下了项链。也不对，项链很完整。我认为这是死者在暗示什么，一定与凶手有关。"

"凶手？刚才邻居说这个女人信佛讲道，接触的除了和尚，就是算命的，谁戴项链呀？"

"谁戴……我终于想明白了。"

小朋友，你猜猜看，凶手是什么人呢？

233.区分生熟

小力不小心把煮熟的鸡蛋与生鸡蛋混放在一起了。从外边看还真看不出来有什么区别，打开吧，如果是生鸡蛋又会把鸡蛋弄坏了。小朋友，你能不能帮忙想一个办法，不打破鸡蛋就把生熟鸡蛋区分开呢？

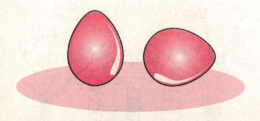

234.超车之谜

爸爸带着皮皮开着新买的小汽车沿湖滨公路游览，皮皮坐在里面别提有多开心了。这时，皮皮从后视镜里看到后面有一辆破旧的小货车，开得很慢，像一位老人在艰难地往后倒着走。小货车越倒越远，渐渐看不见了，皮皮高兴得在车上手舞足蹈。

湖边的路只有3米多宽，是单行线。皮皮玩累了，一会儿就睡着了。等他一觉醒来，简直不敢相信自己的眼睛，小货车竟然慢腾腾地开在自己车的前面，它是怎么超过去的呢？

235.洞中捉鸟

田田在捕鸟时，发现一只小鸟飞进一个小洞躲了起来。小洞很狭窄，手伸不进去，如果用树枝戳的话，又怕会伤害小鸟。小朋友，你能想一个简单的方法，把小鸟从洞里捉出来吗？

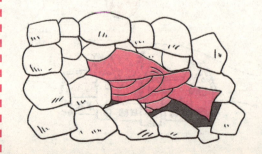

236. 开关和灯泡

有两间屋甲和乙，甲屋有3个开关，乙屋有3个灯泡，甲屋看不到乙屋，而甲屋中的每一个开关控制乙屋中的一个灯泡，怎样可以只停留在甲屋一次，停留在乙屋一次，就可以知道哪个开关是控制哪个灯泡的呢？

237. 哪里算错了

一捆葱有10斤重，卖1元钱1斤。

有个买葱人说："我全都买了，不过我要分开称，葱白7角钱1斤，葱叶3角钱1斤，这样葱白加葱叶还是1元，对不对？"卖葱的人一想，7角加3角正好等于1元，没错，就同意卖了。

他把葱切开，葱白8斤，葱叶2斤，加起来10斤，8斤葱白是5.6元，2斤葱叶6角，共计6.2元。

事后，卖葱人越想越不对，原来算好的，10斤葱明明能卖10元，怎么只卖了6.2元呢？小朋友，你知道他到底哪里算错了吗？

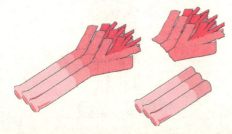

238. 哪个冷得快

在同样的条件下，把两杯不同温度的牛奶放到同一个冰箱里，温度高的一杯与温度低的一杯哪个冷得快？

239. 5秒钟难题

一天上午，杰克和约翰去看望住在郊区别墅的金姆森太太。平常他们进去都要按门铃，今天的门却是虚掩着的。杰克和约翰推开门进去，在一楼餐厅里发现了金姆森太太的尸体，看上去她已经遇害十多天了。

她是在用餐的时候遭到突然袭击的，一柄尖刀贯穿胸口，瞬间夺去了她的生命。凶手随后洗劫了整栋别墅。

杰克和约翰伤感地坐在别墅前面的台阶上，送来的报纸堆满了整级台阶，而订阅它的人永远不会再读报了。在别墅的台阶下，还放着两瓶早已过期的牛奶，也是金姆森太太订的。聪明的杰克看到以后，花了5秒的时间就知道了凶手是谁。小朋友，你知道了吗？

240. 车票怎么分

3位旅客在火车票代售点预订了3张去往不同方向的火车票。王经理是上海人，黄总是北京人，孙经理是广东人。他们3个人一个去上海，一个去北京，另一个去广州。他们3人住在旅馆的同一房间里，而且都很幽默。送票员把他们预订好的车票送来时，王经理说他不想去上海，孙经理说他不去广州，而黄总他既不去北京，也不去广州。送票员一时被他们搞糊涂了，不知该如何分配车票。这3张车票该如何分配呢？小朋友，请你帮助送票员把车票分好，使3个人都能顺利地到达目的地。

241. 奇怪的问题

一只熊向南走了一公里，又向东走了一公里，然后再向北走了一公里，又回到了起点。这只熊是什么颜色的呢？

242. 农场家畜知多少

一群来自城市的客人参观农场，客人问主人的农场养了些什么家畜。主人说他一共养了224只家畜，其中绵羊比奶牛多38只，奶牛又比猪多6头。如果将牛的总数的75%用来换羊，一头牛换5只羊，那么，羊现在的总数是多少呢？你知道这个农场主现在分别养了多少头奶牛、多少只绵羊、多少头猪吗？

243. 鸡蛋怎么拿

乐乐打完篮球，穿着背心、短裤，抱着篮球回家。路上他突然想起妈妈让他买些鸡蛋回家，于是就买了十几个鸡蛋。可是，没有其他的工具，这些鸡蛋该怎么拿回家呢？

244.拙劣的谎言

一天晚上，市政府大楼被盗，警察接到报案后，火速赶到现场。经过紧张的现场勘查、询问证人等一系列程序后，他们把怀疑的焦点集中在附近的一个农户家里。

警察问农夫："昨天晚上发生的事，你知道吗？"

"知道，就是政府被盗。可我一直在家，没有出去，不能为你们提供更多的线索。"

"你在家干什么？"警察追问。

"我家养的十几只鸭子在孵蛋，我准备接小鸭子出生。"

小朋友，你认为农夫的话可信吗？

245. 找差别

有10筐苹果，每筐里有10个，共100个。每筐里苹果的重量都是一样的，其中有9筐每个苹果的重量都是一斤，另一筐中每个苹果的重量都是0.9斤，但是外表完全一样，用眼看或用手摸无法分辨。现在要你用一台普通的大秤一次把这一筐重量轻的找出来。

246.巧过河

一个寒冷的冬天，一支部队来到了松花江边上，可即使是冬天，松花江面也只是结了一层薄薄的厚度只有五六厘米的冰，冰面上覆盖着一层雪。很明显，这样踩在冰面上是很危险的，只有等到冰层达到七八厘米才会安全。大家正着急的时候，一位新来的士兵想出了一条妙计，部队只等了一会儿，冰层的厚度就达到了8厘米以上。小朋友，你知道他想出了一条什么妙计吗？

247.钱塘江的潮水

每年七八月份是钱塘江涨潮的季节。7月的一天，钱塘江岸边不远处停着一艘船，船上挂着一根打了结的绳子，结与结之间间隔25厘米。最下面一个结刚好接触到水面。潮水每小时以20厘米的速度上涨。请问：要经过多长时间潮水可以把绳子的第4个绳结淹没？

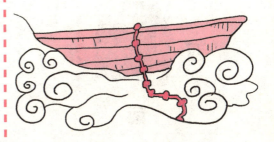

248.镜子里的矛盾

在照镜子时，你在镜子中的影像与你自己相比，左右颠倒了方向。比如你的左手，在镜子中就成了右手，你的右手在镜子中则成了你的左手。由此看来，镜子中的影像是可以左右颠倒的。

但是如果你在镜子前面躺下，你会发现镜子中的影像并没有左右颠倒，比如你头和脚的位置依然与你躺下的实际的方向是一致的。为什么又不能左右颠倒了呢？

249.房子的位置

地球上有一所房子，当你在房子周围走一圈，要确定4个方向时，会发现四周的方向都一样。这所房子到底在哪里？

250.命案发生时间

一天夜里，邻居听到一声惨烈的尖叫。早上醒来发现原来昨晚的尖叫是受害者发出的最后一声。负责调查的警察向邻居们了解案件发生的确切时间。一位邻居说是00：08分，另一位老太太说是23：40分，对面杂货店的老板说他清楚地记得是00：15分，还有一位绅士说是23：53分。但这四个人的表都不准确，在这些手表里，一个慢25分钟，一个快10分钟，还有一个快3分钟，最后一个慢12分钟。聪明的你能帮警察确定作案时间吗？

251.天平

这真是一个炎热的夏天，气温高达39℃，西瓜肯定能卖一个好价钱。一个瓜贩子为了好卖瓜，他在天平的一端放了个西瓜，一端放了一块大冰块，天平刚好平衡。在天平的旁边，他还放了一个大冰柜，开始叫卖冰冻西瓜。别忙着想吃西瓜，考你一个问题，天平一直这样放着，最后会倾向哪边？

252.假币

顾客拿了一张百元钞票到商店买了25元的商品，老板由于手头没有零钱，便拿这张百元钞票到朋友那里换了100元零钱，并找了顾客75元零钱。

顾客拿着25元的商品和75元零钱走了。过了一会儿，朋友找到商店老板，说他刚才拿来换零钱的百元钞票是假钞。商店老板仔细一看，果然是假钞，只好又拿了一张真的百元钞票给朋友。

小朋友，你知道在整个过程中，商店老板一共损失了多少财物吗？（单位：元）

注：商品以出售价格计算。

253.狗狗的汗

两只狗赛跑，甲狗跑得快，乙狗跑得慢，跑到终点时，哪只狗流汗多？

254.雪地上的脚印

在一个积雪厚度达30厘米的严冬的早晨，罪犯在自己家中杀人后，穿过一片空地，将尸体扛到邻居的一所正在建造中的空房内，转移了杀人现场。然后他顺原路返回家中，拨通了报警电话，装作若无其事的样子说发现有人被害了。

警察赶到后，查看了那个人往返现场时留在雪地上的脚印，便厉声呵斥说："你在说谎，凶手就是你！"

小朋友，你知道警察是怎么判断的吗？

255.环球旅行

有两个人想从北京出发驾驶飞机环球旅行。一个人说："我向着北方飞行，只要保持方向不变，就一定能飞回北京。"另一个人说："我向着南方飞行，只要保持方向不变，也一定能飞回北京。"

小朋友，他们说得对吗？

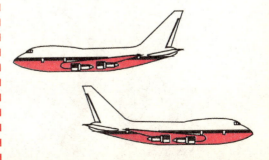

256.能淹没几级绳子

五一期间，皮皮一家去海边游玩，他第一次看到海，充满了好奇，特别是当涨潮落潮时，简直看得入了迷。他很想知道，涨潮时海水每小时能上涨多少。于是，他想了一个办法，在大游轮的船舷边上放下一条绳子，绳子上系有10块红色的手帕，每两个相邻的手帕相隔20厘米，绳子的下端还特地系了一块铁棒。放下时，正好最下面的一块手帕接触到水面。

涨潮了，皮皮赶紧跑去看绳子上的手帕，并带上表计时。他能测出潮水每小时涨多少厘米吗？

257.与众不同的物品

下列4组物品中，每组都有一个与其余3个不同。你能挑出来吗？

（1）西红柿、苹果、桃子、香蕉；

（2）菜刀、水果刀、案板、剪刀；

（3）山羊、黄牛、梅花鹿、老虎；

（4）二胡、吉他、小提琴、笛子。

258.失窃的佛珠

江陵城外有个佛光寺，寺里有座宝塔，塔顶上有一颗闪闪发光的大佛珠，寺院因此而得名。这年中秋节，寺院的老和尚要外出化缘，便留下两个徒弟看守寺院。

半个月后，老和尚化缘归来，发现塔顶上的佛珠被人偷换走了，便叫来两个徒弟询问。大徒弟说："昨晚我上厕所，借着月光，看见师弟爬上塔偷走了佛珠。"小徒弟争辩道："我昨晚整夜都睡在禅房里，从没起来过，佛珠不是我偷的。好像自从师傅走后，佛珠就没有发过光。"老和尚听完两人的叙述后，便知道谁说了谎话，偷换了佛珠。

小朋友，你知道是谁吗？

259.方格游戏

仔细看下表，试着将其填写完整。

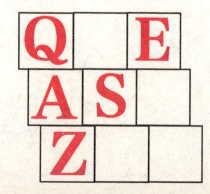

260.破绽

市郊的一座公寓里住着两个小伙子，一个姓田，一个姓林。

这天，大雪纷飞，王警官和助手接到小田报案，说刚才小林被人枪杀了。他们赶到现场，只见小林头部中了一枪，倒在血泊中。

小田说："我刚才正与小林吃火锅，忽然闯进来一个戴墨镜的人，对准小林开了一枪后就逃走了。"

王警官看到桌上摆着还冒着热气的火锅，于是说道："别装了，你就是凶手！"

小朋友，你知道这是为什么吗？

261.谁在谁的左边

左边和右边是一个很简单的问题，可往往有人会把它们弄错。请看下面这个问题：林林的左边是佳佳，佳佳的左边是花子，花子的左边是沙沙。请问：沙沙永远都在林林的左边吗？

林林　　佳佳　　花子　　沙沙

262.抛硬币

有一枚普通的硬币，可可一共抛了15次，每次都是正面朝上。现在可可想再抛一次，小朋友，你知道正面朝上的概率是多少吗？

263.哪里出错了

张永暑假期间在表哥的相机店里帮助表哥卖相机，其中一种照相机卖310元。为了方便顾客，表哥让他把机身和机套分开卖，并且告诉他，机身比机套贵300元。

这天表哥出门，正好有一位顾客买一个机套。张永想起了表哥的话，就跟这位顾客要价10元，可顾客说他卖贵了。张永想了想说不贵呀，表哥走的时候就是这么交代的。可那位顾客一口咬定，他前几天就是在这家店用5元钱买过一个一模一样的机套。他们正争执不下，表哥回来了，他告诉张永确实是他卖贵了。张永听了表哥的话感到很不服气，心里想：明明就是你让我这么卖的嘛！

小朋友，你知道张永错在哪里了吗？

264.无法完成的作业

数学课上，老师开始布置课堂作业，他说："请同学们把课本翻到35页和36页之间，完成那页上的几道练习题。"

班上学习最好的约翰听了以后，连题都没有看，就对老师说："您布置的题目根本就没有办法完成。"

小朋友，你知道是怎么回事吗？

265.买 布

有一位姑娘到一家新开张的布店里买布，她精心挑了两匹布后问多少钱，店铺的伙计说："姑娘真是好眼光，今天是本店的开张吉日，只收半价。"姑娘一听就说："既然是半价，那我买你两匹布再把一匹布折合成一半的价钱还给你。这样咱们就两清了。"

小朋友，如果你是这位伙计，你会答应这笔买卖吗？

266.是真的吗

张老先生喜欢收藏一些古玩，他没事的时候就到旧货市场上转转。这天，他看到一个年轻人拿着一面古铜镜子在市场上叫卖，镜子上铸有"公元前四十二年造"的字样，张老先生不用请专家就知道这面古铜镜是假的。小朋友，你知道为什么吗？

267.谁在说谎

粗心的汤姆先生把5000元现金落在了客厅的桌上。等他想起来时，钱已经不见了。家里只有他的两个孩子：杰米和雷米。

杰米说："是的，我看见了。我把它放了你房间的书桌上，用一本黄皮书压着了。"雷米说："是的，我也看见了，我把它夹在了黄皮书的第113页和114页之间。"

汤姆听完他们两个人的说辞就明白谁说了谎。小朋友，你知道是谁吗？

268.凶手的身份

在旧金山的一家旅馆内，有位客人服毒自杀，侦探詹姆接报后前往现场调查。

"被害者是一位中年绅士，从表面迹象看，他是因中毒而死。这个英国人3天前就住在这里，桌子上还留有遗书。"旅馆负责人指着桌上的一封信说。

詹姆小心翼翼地拿起遗书细看，内文是用打字机打出来的，只有签名及日期是用笔写上的。詹姆凝视着信上的日期3．15．99，然后像是得到答案似的说："若死者是英国人，则这封遗书肯定是假的。相信这是一宗谋杀案，凶手可能是美国人。"究竟詹姆凭什么这么说呢？

269.真花和假花

山脚下春意盎然，蝴蝶和蜜蜂在花丛间飞舞着，养蜂人的妹妹拿来两朵一模一样的花让哥哥猜哪一朵是真花，哪一朵是假花。但只能远远地看，不能用手去摸，更不能闻它。

小朋友，如果是你，你该怎么办呢？

270.最先到达的地方

哥伦布冒险航海环绕地球时，最先到达的地方是现在的哪里？

A．不知道

B．美国东北部

C．中美洲群岛

D．巴西

E．非洲好望角

271.凶手是谁

某宾馆发现一具尸体，医生对死者进行检查后说："是从最近的距离向心脏打了一发子弹，因此立即死亡。"

警察立刻展开对此事的调查，传讯了3位有嫌疑的人。3人证词如下：

甲：死者不是乙杀的，是自杀的。

乙：他不是自杀，是甲杀的。

丙：不是我杀的，是乙杀的。

后经查明，每个人的话都只有一半是真的。根据以上的信息，小朋友，你能说出谁是凶手吗？

272. 荒谬的法律

古时候，有一个国家的国王为了让更多的男人能有更多的妻子，就颁布了这样一条法律：一位母亲生了她的第一个男孩后，就会被禁止再生小孩。这样的话，有些家庭就会有几个女孩而只有一个男孩，但是任何一个家庭都不会有一个以上的男孩，所以，用不了多久女性人口就会大大超过男性人口了。小朋友，你认为这条法律可以实现他的愿望吗？

273. "鬼迷路"

一天晚上，3个探险家为了抄近路，决定从宽4000米的山谷穿过。他们走了很久，按时间计算应该到达目的地了，但每次总是莫名其妙地回到出发点附近。这就是人们经常所说的"鬼迷路"。小朋友，你知道具体是怎么回事吗？

274. 糊涂的特工

美国国家情报局接到通知：一辆时速为60千米的火车上装满了炸药准备驶向首都。为阻止这一恐怖活动，美国国家情报局决定派本杰伦在火车必须通过的长为500米的隧道中，装上黄色远程遥控炸弹。由于火车通过隧道的时间仅30秒，于是本杰伦把遥控定时装置设置为30，只要火车一进隧道，就会触发装置计数，30秒后炸药自动爆炸。但是当火车呼啸而来进入隧道，高强度炸药在铁轨上准时爆炸后，火车仍然在失去铁轨的路面上继续疯狂前行，最后在树林里停了下来，随之引起了一场大火。消息传到国家情报局后，本杰伦因指挥失误受到了处分。小朋友，你知道本杰伦错在哪个地方吗？

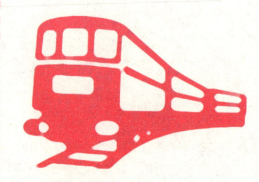

275. 亲属关系

中国人的亲属关系特别复杂，尤其是对家庭成员众多的家庭更是如此。下面就是这样的情况，请你猜出照片上的人是谁。

一个人正在看照片，另外一个人好奇地询问照片上的人是谁。这个人卖起了关子："照片上的人的丈夫的母亲，是我丈夫的父亲的妻子的女儿，而我丈夫的母亲只生了他一个孩子。"

276. 坐哪辆车

婷婷每天都乘坐公共汽车上学，离婷婷家门不远处，有一个公共汽车站。汽车和电车都是每隔10分钟来一次，票价也一样，只是汽车开过之后，隔2分钟电车才来，再过5分钟下一趟汽车又开过来。

根据以上信息，你认为婷婷坐哪一趟车更省事更划算？

277. 摸黑装信

当当有4位好朋友，他们之间经常用书信联系，感情非常亲密。有一天晚上，当当分别给4位朋友写信。他刚写好正准备分装的时候，突然停电了。当当摸黑把信纸装进信封里，因为要赶着明天寄出去。妈妈说他这样摸黑装信的话会出错，当当说最多只有一封信装错。

小朋友，你觉得当当说得正确吗？

278. 巧得氧气

冬天的一个清晨，焊工差几个焊接点就将完成焊接任务时，氧气瓶里没有氧气了。这时候，焊工怎样才能快速弄到一点儿氧气以便把工作完成呢？

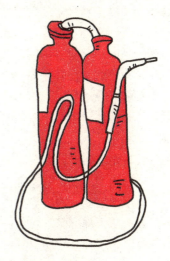

279. 血缘关系

一天，汤姆叔叔和他妹妹尼萨一起在街上散步，突然汤姆想起来："对了，小外甥在前面那家店打工，我去看看他，顺便买点东西。"

"噢，我可没有外甥。"说完，尼萨就先回家了。

小朋友，尼萨和那位神秘的外甥是什么关系呢？

280.消失的遗嘱

作曲家简和库尔是一对盲友。简病危时曾请库尔来做公证人立下一份遗嘱：把简一生积蓄里的一半财产捐给残疾人福利机构。随即让他的妻子拿来笔和纸，以及个人签章。他在床头摸索着写好遗嘱，装进信封里亲手密封好，郑重地交给库尔。库尔接过遗嘱，立即送到银行保险箱里保存起来。一星期后，简死于癌症。在简的葬礼上，库尔拿出这份遗嘱交到残疾人福利机构的代表手中。但当代表从信封中拿出遗嘱时，发现里面竟然是一张白纸。

库尔根本无法相信，简亲手密封、自己亲手接过并且由银行保管的遗嘱会变成一张白纸！这时来参加葬礼的尼克探长却坚持认定遗嘱有效。众人都疑惑不解地看着尼克探长，期待着他的解释。小朋友，探长会怎么解释呢？

281.国外来信

有一天汤姆收到一封来自国外的信，信的内容是这样的：

今天是我来到以色列的第5天，我去了它和约旦接壤的国界线附近，在那里的湖中痛快地游了一次泳。以前，你们一直嘲笑我是一只旱鸭子，可我这一次的表现实在是太棒了！我发现游泳真的是一种享受。我既能够游自由泳，也能够游仰泳。当我伸展四肢浮在水面上仰望蓝天、白云时，我简直像进了天堂。我甚至还吸了一口气潜入水下。事后我才知道我的下潜深度已经达到海平面下390米，而我竟然没有使用任何潜水工具。说了这么多，你一定认为我是在撒谎，但我说的是千真万确的，只不过游泳之后皮肤感到很粗糙……

看了上面这封信，汤姆觉得他的朋友是在吹牛。那么他的朋友是在吹牛吗？可信度到底有多少？

282.伪证

夏日的早晨，一家大型超市的出纳上班时发现保险箱被撬了，共失窃价值25万元的财物。警方在箱体上发现了罪犯留下的指纹，并确定作案时间是凌晨2点至4点。经过调查，给超市送货的食品公司货车司机的指纹与现场作案指纹相符。

警方传讯了司机，可司机却说这段时间他正在家中拍摄牵牛花开花的过程，并拿出了拍摄照片。审讯陷入僵局。

迷惘的刑警来到植物研究所，请教了专家，证实牵牛花确实是在夏日早晨开放。而且经对比，确认拍摄的照片就是司机家中的那盆花。

这就怪了，如果司机不是罪犯，指纹是不可能相同的。

那么司机究竟是不是盗窃犯呢？如果是，那他又是采取什么办法分身的呢？

283.机智的人质

福特在金冠大酒店被歹徒挟持，歹徒逼迫他当着他们的面给家里报平安。福特的电话内容是这样的：

"亲爱的罗莎，您好吗？我是福特，昨晚不舒服，不能陪您去夜总会，现在好多了，多亏金冠大酒店经理上月送的特效药。亲爱的，不要和我这样的坏人生气，我们会永远在一起的，请您原谅我的失约，我的病不是很快就好了吗？今晚赶到您家时再向您道歉，可别生我的气呀！好吧，再见！"

可是5分钟后，警察突然出现在他们面前，歹徒不得不举手投降。小朋友，你知道福特是怎么报案的吗？

参考答案

224.小顽童的把戏

蜡烛燃烧尽，重量减少，杠杆将向左边倾斜，所以足球应滚向左边。

225.面目全非的台历

星期六。

由于日历总是遵循星期日为起始日，每页日历最多5行。因此，29号应该是星期六。由此可推断出，这个月的1号是星期六。

226.谁是对的

这个等式是9 × 9 ＝ 81，但从不同的方向看就会看出不同的答案，另一个老师看到的就是18 = 6 × 6。

227.会遇到几艘客轮

从香港开往费城的客轮，除了在海上会遇到13艘客轮外，还会遇到两艘：一艘是在起航时遇到的（从费城开过来的客轮）。另一艘是到达费城时遇到的正从费城出发的客轮，所以，加起来一共是15艘客轮。

228.机智的阿凡提

水面一点儿也不会升高，因为冰块融化成水的体积正好是它排开水的体积。

229.月夜凶杀案

满月时，月亮是在太阳落下时升起，大约是6点，在北半球，月亮是从东南天空慢慢升起，到12点时位置最高，会升到南中天空。根据题意，河流是自东向西流，显然东边地势较高。而9点时候月亮还在东南较低的天空，这个人是面朝北坐的，不会看得见月亮在河水中的倒影的。

230.水会溢出来吗

你可以试试看，把小金鱼放进去，水同样会溢出来。而你是不是在想类似因为金鱼有鳞片，或者金鱼把水喝到肚子里去了等答案呢？

这是曾两次获得诺贝尔奖的居里夫人小时候做的一道题。通过这个题目我们会明白，发展自己的创造性思维，不是让我们迷信某种解题技巧，而是要遵循科学规律，亲自动手试一试。

231.雪夜疑案

因为鱼缸里的热带鱼还在游动。在寒冷的夜里停电，鱼缸里的水会变得冰冷，热带鱼是必死无疑的。

232.死者的暗示

珍珠项链暗示和尚。和尚总是带着珠串，算命的是不戴的。

233.区分生熟

旋转鸡蛋，容易转起来的是熟的，而很难旋转的是生的。因为，煮熟的鸡蛋蛋白和蛋黄是一个整体，容易转动。而生鸡蛋的蛋黄和蛋清是液体，所以转起来比较困难。

234.超车之谜

小汽车已经沿湖跑了一圈，又快追上慢腾腾的小货车了，所以在小货车的后面。

235.洞中捉鸟

可以慢慢地用沙子把洞灌满，这样，小鸟就会随着沙子的增多而回到洞口。

236.开关和灯泡

打开一个开关，过一会儿关掉，再打开另一个开关，马上走到另一间屋子里。亮着的灯泡的开关就是第二次打开的开关。然后用手摸两个没有亮的灯泡，因为有一个开关之前打开了一会儿，所以有一个灯泡是热的，因此就对应第一个开关，则剩下的一个开关就对应没有亮的灯泡。

237.哪里算错了

要知道，葱原本是1元钱1斤，也就是说，不管是葱白还是葱叶都是1元钱1斤。而分开后，葱白却只卖7角，葱叶只卖3角，当然要赔钱了。

238.哪个冷得快

温度高的一杯冷得快。不信，你可以亲自试验一下，这就是姆潘巴现象。冷却的快慢不是由液体的平均温度决定的，而是由液体上表面与底部的温度差决定的，热牛奶急剧冷却时，这种温度差较大，而且在整个冻结前的降温过程中，热牛奶的温度差一直大于冷牛奶的温度差。上表面的温度愈高，从上表面散发的热量就愈多，因此降温就愈快。

239.5秒钟难题

凶手是送牛奶的人。因为只有在知道金姆森太太已经遇害的情况下，他才不再到这里送牛奶，而送报纸的人显然不知道这一点，每天仍然准时把报纸送来。

因此，送报纸的虽然每天都来，却因此被排除了嫌疑。送牛奶的人作案后，显然没有想到这桩凶杀案在十多天以后才被人发现，他停止送奶的行为恰恰暴露了自己的罪行。

240.车票怎么分

黄总既不去北京，也不去广州，那么他一定是去上海。剩下了北京和广州两张车票，孙经理说他不去广州，则目的地应该是北京，而最后一张是王经理去广州的车票。

241.奇怪的问题

只有在北极，才能往南走一公里，往东走一公里，往北走一公里，又回到起点。而

北极只有北极熊，北极熊的颜色也只有白色一种。所以那只熊是北极熊，是白色的。

242.农场家畜知多少

农场主现在有绵羊342只、奶牛16头、猪58头。

设原来绵羊有x只，则根据题意，$x + x - 38 + x - 38 - 6 = 224$，解得$x = 102$，所以原来绵羊有102只，牛有64头，猪有58头。而现在，75%的奶牛被换走，只剩下25%的奶牛，即16头；增加的绵羊为$64 × 75\% × 5$，即240只，那现在绵羊有342只；猪的数量则未变化。

243.鸡蛋怎么拿

乐乐可以把篮球里的气放掉，把球的一面压瘪，使球成一个碗型，然后把鸡蛋放在里面拿回家。小朋友，你还有其他更好的方法吗？

244.拙劣的谎言

不可信。因为野鸭会孵蛋，而家养的鸭子经过长期的人工养育已经退化，是不会孵蛋的，农夫在撒谎。

245.找差别

第一筐拿一个；第二筐拿两个……以此类推，共55个一起称，把称得的重量和55斤相比较，如果差0.1斤就是第一筐轻了；差0.2斤就是第二筐轻了……以此类推。

246.巧过河

有两种办法：一是清除河面上的积雪，使寒冷传至冰层以下；二是在冰面上浇水。

247.钱塘江的潮水

对于这种物理现象，那就要考虑各方面的问题。在这个问题中，如果考虑到水涨船高绳子也高的现象，那么潮水是永远都不会

淹没第4个绳结的。

248.镜子里的矛盾

判断左右是以人的视觉习惯而言的。实际上，视觉分辨左右和分辨上下所用的是不同的概念。镜子不仅变换了水平方向上的左右，其实，也变换了垂直方向上的左右。假设向上的方向为右，向下的方向为左，那么你会发现，原本在腹部右边的头，在镜子中则变成了在腹部的左边。

249.房子的位置

北极或者南极。

250.命案发生时间

这是一个看起来复杂其实很简单的问题。作案时间是00:05分。计算方法很容易，从最快的手表（00:15分）中减去最快的时间（10分钟）就行了。或者将最慢的手表（23:40分）加上最慢的时间（25分钟）也可以得到相同的答案。

在分析问题的时候，最重要的是找到解决的思路，把看似复杂的问题分解成简单的部分处理。

251.天平

天平最终是平衡的。冰在高温下一融化，西瓜那端就会下沉滚走，冰化成水后也会流走，剩余的水也在高温下蒸发了，天平最后依然保持平衡。

252.假币

商店老板损失了100元。

老板与朋友换钱时，用100元假币换了100元真币，此过程中，老板没有损失，而朋友亏损了100元。

老板与持假钞者在交易时：100 = 75 + 25

元的货物，其中100元为兑换后的真币，所以这个过程中老板也没有损失。

朋友发现兑换的为假币后找老板退回时，用自己手中的100元假币换回了100元真币，这个过程老板亏损了100元。所以，整个过程中，商店老板损失了100元。

253.狗狗的汗

都不流汗。狗的皮肤汗腺不发达，所以即使是在大热天或运动之后，也不会出汗。狗经常伸出舌头喘气，让体内部分水分由喉部和舌面排出，这是狗散发体内热量的一种方式。

254.雪地上的脚印

往返的脚印不同。扛着尸体时重量增大，所以留在雪地上的脚印就比较深，而返回时是空手而归，脚印浅，所以警察断定报案者就是凶手。

255.环球旅行

他们说的都不对，因为飞机越过南极和北极之后，就会改变方向。

256.能淹没几级绳子

不能。皮皮忘了水涨船高的道理。因为潮水上涨了，船也随之升起，船与绳子连在了一起，绳子当然也随着上浮。水涨多少，他们上浮多少，依然是最下面的一块手帕接触到水面，所以他测不出来。记住，凡事要三思而后行，不然只会徒劳一番。这道题与247题比较相似，考察小朋友是否具有触类旁通的能力。

257.与众不同的物品

（1）西红柿是蔬菜，其余是水果；
（2）案板不是刀具；
（3）老虎没有角；

（4）笛子是管乐，其余是弦乐。

258.失窃的佛珠

大徒弟说了谎，是他偷走了佛珠。因为，老和尚是中秋节外出，半个月后回来应是农历初一，没有月亮，哪能有月光呢？

259.方格游戏

善于观察的人会发现这是电脑键盘最左边的字母排列顺序，答案自然很容易就知道了。

如图：

260.破绽

如果有人戴着墨镜从寒冷的室外进入热气腾腾的室内，镜片上会蒙上一层雾气，根本无法看清屋里的人。

261.谁在谁的左边

不一定。如图所示，她们围成一圈的话，沙沙就会在林林的右边。

262.抛硬币

毫无疑问是1/2。无论谁来抛，也无论抛多少次，这个概率是不会变的。千万不要让惯性思维把你带入陷阱。

263.哪里出错了

他把机身卖300元，机套卖10元就错了，300-10＝290，而实际上机身要贵300元。正确答案是机套卖5元，机身卖305元。

264.无法完成的作业

35页和36页之间是翻不开页码的，不信的话，你可以找本书试试看。

265.买布

不能答应。

假设两匹布值20元钱，一匹布就值10元，如果是半价，那两匹布就只值10元钱，一匹布也就值5元钱。5元钱是不能抵消两匹布的半价的10元钱的。

266.是真的吗

公元前四十二年的时候，这个概念还没有产生；汉字的公元纪年到20世纪才出现。在使用公元纪年前，是使用帝号年和干支纪年。

267.谁在说谎

雷米撒了谎。因为第113页和第114页是一张纸。

268.凶手的身份

詹姆是看了信上的日期后，才推断凶手可能是美国人。因为英国人写时间是先写日期，再写月份的。但美式写法刚好相反，是先写月份，再写日期的。

269.真花和假花

打开窗户，让蜜蜂飞到房间里来。蜜蜂只采真花。

270.最先到达的地方

以上皆不是，冒险航海环绕地球的是麦哲伦。

271.凶手是谁

假设死者是自杀的。

甲说死者不是乙杀的就是假话，则是乙杀的。

乙说他不是自杀是假话，则甲杀的是真的。

丙说是乙杀的如果是真话的话，那么不是我杀的就是假话，丙承认自己杀了人。从以上分析得出的结论是矛盾的，是不合逻辑的。

假设死者不是自杀。

甲说死者不是乙杀的是真的。

乙说是甲杀的是假的，即不是甲杀的。

丙说不是我杀的是真的。

既然凶手不是甲、乙、丙所提及的人，只剩下医生。因此，凶手就是医生。

272.荒谬的法律

不可能。

按照统计规律，全部妇女所生的头胎男女比例各占一半。如果母亲生了男孩就不能再生孩子，生女孩的母亲仍然可以生第二胎，比例是男女各占一半。生男孩的母亲退出生育的队伍，留下来的当然可以生第三胎。在每一轮的比例中，男女的比例都各占一半。因此，将各轮生育的结果加起来，男女比例始终相等。当女孩成长起来成为新的母亲时，上面的结论同样适用。

273."鬼迷路"

实际上，这些人走了一圈。人走路时，两脚之间有一定的距离，大约是0.1米，每一步的步长大约是0.7米，由于每个人两脚的力量不可能完全一致，因此迈出的步长也就不一样，若在白天要沿直线行走，我们会下意识地调整步长，保证两脚所迈出的步子一样长。但当在夜间行走辨不出方向时，我们就会无意识调整步长，走出若干步后，两脚所走路程的长就有一定差距，自然就不是沿直线行走了，而是在转圈，这就是"鬼迷路"现象。

274.糊涂的特工

本杰伦的失误在于没有考虑到火车本身的长度。30秒是火车头进入隧道到驶出隧道的时间，但是车身还在隧道中，火车实际完全驶出隧道的时间是45秒。所以，炸药爆炸的时候只炸断了铁轨，对火车本身并没有造成太大的影响。

275.亲属关系

照片上的人是说话者丈夫的继母的外孙媳妇。这道题要按照题目要求一点点分析，先看前半部分，总结下是照片上人的婆婆；再看后半部分，总结下就是我的婆婆的女儿。而最后一句说明不是丈夫的亲生母亲，那只能是继母了，如此就推出了结论。

276.坐哪辆车

哪辆车先来就乘坐哪一辆，因为价钱都一样，而且间隔时间也不长，没有必要走一站地再坐车。

277.摸黑装信

不正确。

如果出错的话，至少有两封信出错。

278.巧得氧气

可以给氧气瓶加热，使里面的压力升高，氧气就能继续送出。当然，这只是应急之法，因为这样得到的只是剩余的一点点氧气。

279.血缘关系

尼萨是在前面那家店打工的男孩的妈妈。不过，看起来尼萨和她儿子的感情不是太好。

280.消失的遗嘱

其实，简的妻子为了保住遗产，故意把没有墨水的钢笔递给简。由于库尔和简都是盲人，自然也就没有发现，没有字的白纸最终被当成遗书保存下来。

可是，虽然没有字迹，但钢笔划过白纸留下的笔迹仍然存在，如果仔细鉴定是可以分辨出来的，所以遗嘱仍然有效。

281.国外来信

他没有吹牛。因为他游的是死海，死海中所含的盐分很高，几乎是一般海水的7倍，所以浮力很大，人在水中根本就不会下沉。死海比海平面低390多米，所以只要下潜一点点，就到了海平面以下390多米了。

282.伪证

司机就是盗窃犯。他用特定的方法（比如用纸做套子套在花蕾上）推迟牵牛花开花的时间，然后在作案后迅速返回住处，拍摄出花开过程的连续照片作为伪证。

283.机智的人质

福特在打电话时做了点手脚。在通话时，他一讲到无关紧要的话，就用手掌心捂紧话筒，不让对方听到，而讲到关键的话时，就松开手。

这样，家人就收到了这么一段间歇式情报电话：我是福特……现在……金冠大酒店……和坏人……在一起……请您……快……赶来……

第六部分　洞察力谜题

284. 找关系

仔细观察这张图片，想一想，这些图片之间到底有什么联系呢？

285. 视觉误差

下面几组图形中，由于你的眼睛"欺骗"了你，会使你产生错觉，不信就用尺量一量。

（1）下面两个小正方形，哪个大？

（2）两条对角线，哪条长？

286. 填色游戏

将这些圆形分别填上红、黄、蓝和绿色，使得：

（1）每种颜色的圆形至少3个。

（2）每个绿色圆形都正好和3个红色圆形相接。

（3）每个蓝色圆形都正好和2个黄色圆形相接。

（4）每个黄色圆形都至少各有一处分别和红色、绿色和蓝色圆形相接。

287. 该涂黑哪个

下图是由10个方框组成的一个大三角形。现在请你把其中的4个方框涂黑，使得没有任何3个相同颜色的方框能构成等边三角形。小朋友，你知道该涂哪4个吗？

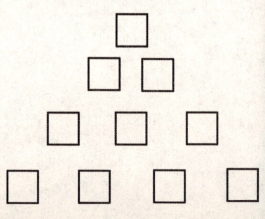

288.魔方的颜色

有一个魔方（如图），所有的面都是红色的。请问，魔方里有几个小立方体一面是红色？有几个小立方体两面是红色？有几个小立方体3个面是红色？有几个小立方体4个面是红色？有几个立方体所有的面都没有红色？

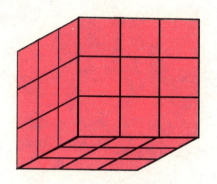

289.摆放棋子

下图是一个棋盘，棋盘上放有6颗棋子，请你再在棋盘上放8颗棋子，使得：

（1）每条横线上和竖线上都有3颗棋子。

（2）9个小方格的边上都有3颗棋子。

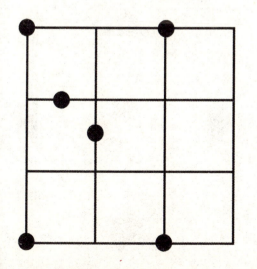

290.棋子阵

数学博士最近闲得无聊，就出了这样一道题目来考考周围的人：这是5×5排列（即横竖都是5颗棋子）的棋子阵，一共25颗棋子，现在再加5颗，一共30颗棋子，能不能使这个方阵变成横行、竖行、对角都是6颗棋子呢？

291.自制扇子

小红有两把类似于银杏叶的扇子，但她觉得风不够大，想把它各剪一刀拼成一个正方形。你能帮帮她吗？

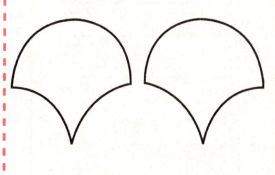

292. 翻转符号

请问最少需要上下翻转几列，才能使每一行所包含的符号种类和数量都完全一致？

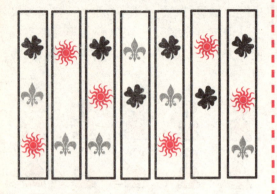

293. 走围城

请将以下条件分析清楚，找出正确的出路。起点和终点都是用→来表示的。

（1）在各行（横着排列的）必须通过的房间的总数量，根据该行左边正对着的数字来确定，在各列（竖着排列的）必须通过的房间的总数量，根据该列上边正对着的数字来确定，要求刚好能满足这些数字来走完路途。

（2）走过的房间不能再重复通过，而且，不能在同一个房间里折返（走U字形）。

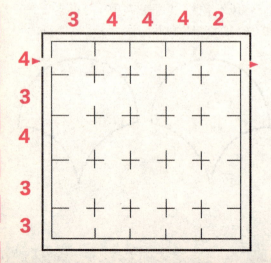

294. 空缺处的数字

仔细观察下边的图，找一找规律，右下角问号处应该填什么数字呢？

2	5	7
4	7	5
3	6	?

295. 冷漠的邻居

在一个菱形的小区的中央住着4户人家，他们的草坪分别在菱形小区的4个角落（如下图），但他们都不愿意和邻居打招呼，想不穿过别人家的区域就能到自己家的草坪去。

假如你是这个小区的物业管理员，你该如何让这4条路不彼此相交就能到达他们自家的草坪呢？

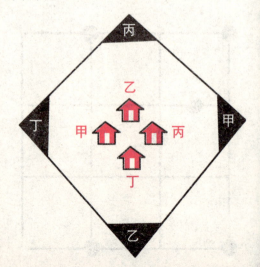

296.微笑的女人

花几秒钟看看这张微笑女人的脸，然后再把图上下翻转，你就会有惊人的发现。

请指出图中的两处错误各是什么？

297.巧锯正方形

丁丁家有一块奇怪的木板（如图）。一天，爸爸想让丁丁把它拼成一个正方形，前提是只能锯两次。丁丁看了半天也不敢动手，你能帮帮丁丁吗？

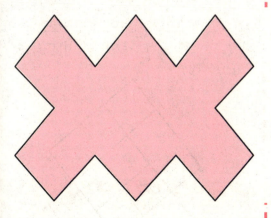

298.路线图

如何画出A到a、B到b、C到c、D到d的路线，使这些路线没有相互交叉点？

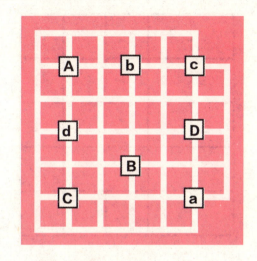

299.视觉幻象

这个谜题用到了一个有名的视觉幻象。图中只有一支箭头是配对的，请你找出来。

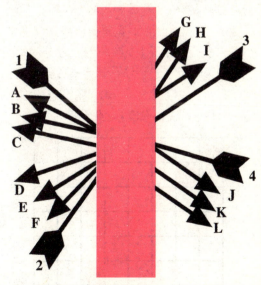

300. 问号处的图形

下面这道题目经常出现在公务员的考试中。请仔细观察，想想问号处该填什么?

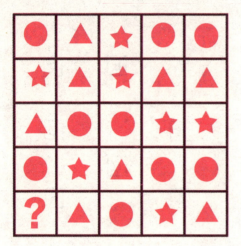

301. 相互牵制的局面

一块由36个白方格组成的形状大小一样的正方形白布上，不小心洒上了墨水，墨水正好洒在正方形白布的两条对角线处。有位老先生说只要在干净处滴上8滴他特制的药水就能让墨水自动消除，但是这8滴药水不能处在同一横行或竖行上，也不准在同一对角线上，如果违反了，整块布都会渗透成黑色。现在，老先生自己滴了一滴，剩下的7滴由你自己想办法解决，你该怎么做?

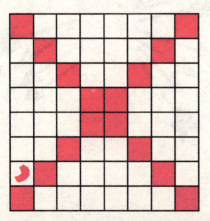

302. 消失的正方形

美国的一个魔术师发现这样一个奇怪的现象:一个正方形被分割成几小块后，重新组合成一个同样大小的正方形，它的中间就会留下一个小洞!

他把一张方格纸贴在纸板上，按图1画上正方形，然后沿图示的直线切成5小块。当他照图2的样子把这些小块拼成正方形的时候，中间真的出现了一个洞!

图1的正方形是由49个小正方组成的，图2的正方形却只有48个小正方形。究竟出了什么问题? 那一个小正方形到底哪儿去了?

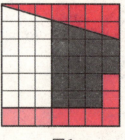 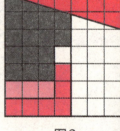

图1   图2

303. 阿拉伯人的头巾

阿拉伯国家的人喜欢戴头巾，他们的头巾各式各样，十分好看。下面这块带刺绣的正方形的头巾是由很多个小正方形组成的。小朋友，你能数出头巾中共有多少个正方形吗?

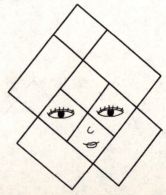

304. 一笔成图

下面这6幅图有一些是可以一笔画出来的，有一些是不能一笔画出来的。你能判断出哪些能一笔画出来，哪些不能一笔画出来吗？要求是不能重复已画的路线。

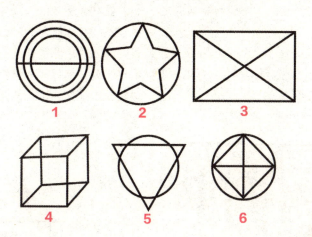

305. 对称不对称

对称有上下对称，也有左右对称、旋转对称。在下面这4组图中，只有一组与其他3组不对称，仔细观察一下，将它找出来。

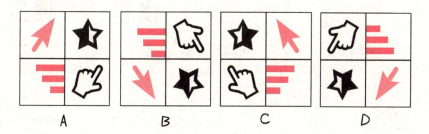

306. 找规律

按照图中鱼鳞的变化规律，推测下一个图形是什么样的？

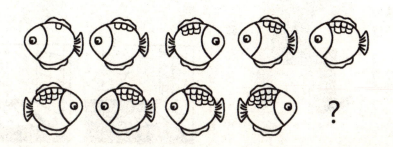

让孩子越玩越聪明的366个经典思维游戏

307. 财主的难题

一位老财主有4个儿子。他临死前，什么都没有留下，除了一块正方形的土地，土地上面有4棵每年都会结果的苹果树，树与树之间的距离是相等的，从土地的中心到一边排成一排。老财主把这个难题交给4个儿子，要求最聪明的儿子把土地和果树平均分配，可是没有一个儿子能解答。

小朋友，你知道该怎么分吗？

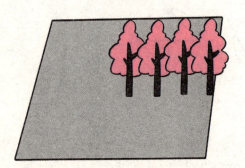

308. 老板的年龄

有一个富裕的法国人，8年前在香榭丽舍大道上接近戴高乐广场的地段开了一间餐厅，生意一直很红火。主厨安德里的厨艺越来越好，他最拿手的是鸡肉料理，鸡肉和鹅肝是绝妙的搭配。餐厅里一共有128个位子，每到周末几乎都客满。

最近餐厅还跟年轻歌手蜜雪儿签了约，她经常在餐厅现场演唱，使得老板的银行账户位数逐渐增加。

请问：餐厅的老板多少岁？

309. 不和谐的邻居们

有3户人家合住在同一个小院里（如图所示），但他们总是吵架，住得都很不开心。住在大房子的人最先采取措施来改变这种状态——从他家的门口到图中下方修了一条封闭式的小路。住在右边房子里的主人也不甘示弱，他修了一条路通到左边的大门。最后，住在左边房子的主人也修了一条路通到右边的大门，但令人惊奇的是，这几条路互不相交。小朋友，你能正确地画出这3条路吗？

310. 冬天还是夏天

下面这两幅图，你能分清哪一幅是夏天，哪一幅是冬天吗？

136

311. 老鼠吃点心

如图：每间房里都有一块点心。老鼠一次吃完所有的点心后，从A门出来。请问老鼠从1~8中的哪扇门进去，才不会走重复的路线（每间房只允许进出各一次，并且不许从同一扇门进出）？帮老鼠想一想该怎么走。

提示：从唯一的出口A门倒着向前寻找路线，这样成功率就大一点儿。

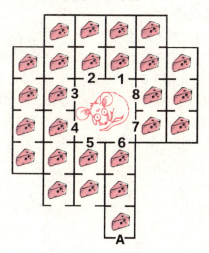

312. 大家来找茬

你有一眼就能分清一对孪生兄弟或姐妹的能力吗？你对表面看起来相同的事物，能一眼找出它们的不同吗？这道题就是一个很好的检测机会。下面两幅画看起来完全相同，其实不然，它们有几处不一样，小朋友，你能找出来吗？

313. 疯狂艺术家

有一位艺术家为了寻找灵感，把一张厚为0.1毫米的很大的纸对半撕开，重新叠起来，然后再撕成两半叠起来。假设他如此重复这一过程25次，这叠纸会有多厚？

A. 像山一样高

B. 像一个人一样高

C. 像一栋房子一样高

D. 像一本书那么厚

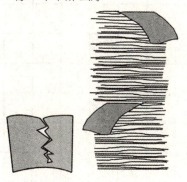

314. 分遗产

兄弟4人继承了老财主的遗产，遗产共有如图所示的土地、4棵果树和4栋房子。遗嘱上注明要公平分配。请问：怎么分才能让4位兄弟每人分到相同面积的土地，并且每人都有一栋房子和一棵果树？

315.迷路的小兔子

兔子小姐不小心掉进了有很多格子的盒子里。它好想出去走走，可又怕被主人发现，而且它一次只能"上下"或"左右"移动一格，不能跳动。

小朋友，请你帮它想想要如何走，才能走完所有的格子回到原点，而且不被主人发现呢？

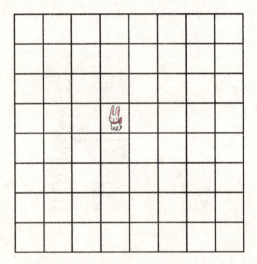

316.变三角形

把10枚硬币排成倒三角形，如果要把它们变成正立三角形的样子，并且只允许移动3枚硬币，该怎么移动？

317.贵妇的项链

从前，有一个贵妇人的脖子上挂着一条特别大的钻石项链。这条项链的挂坠上镶有25颗呈十字架排列的钻石。

拥有这件无价之宝的贵妇人平日里最喜欢清点十字架上的钻石，她无论是从上往下数，还是从左往上数或者从右往上数，答案都是13。但是，无意间贵妇人的这3种数法被首饰匠师知道了。

当贵妇人拿着被首饰匠师修理好的挂坠，当面清点完回家后，首饰匠师正看着手里从挂坠上取下的钻石偷偷乐，愚昧的贵妇人如果不改变数钻石的方式是永远不会发现这个秘密的。

小朋友，你知道首饰匠师是在哪个地方动了手脚了吗？

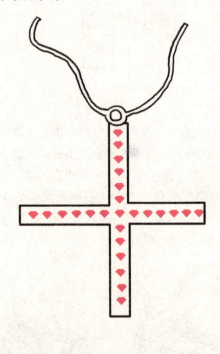

318.平衡

请问：图中的问号处填什么符号，才能与右面的符号平衡？

319.一笔画图

考古人员在希腊进行发掘工作时，使一批奇异的古代遗迹重见天日。他们发现很多纪念碑的碑文上反复出现下面这个由圆和三角形组成的符号。

这个图可以一笔画出，任何线条都不重复画过两次以上。不过，如果采取那种更为一般的、允许同一线条可以随意重复画过的画法，只是要求用尽可能少的转折一笔画出这个图形，它无疑会成为一道很有趣的题。小朋友，你知道怎么画吗？

320.骰子谜题

在A、B、C、D、E5个骰子中，哪一个是上边的骰面无法构成的?

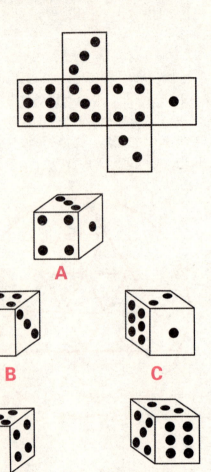

A

B

C

D

E

参考答案

284.找关系

这些物品都是成双成对出现的。

285.视觉误差

（1）大小相等。

（2）长度相等。

286.填色游戏

287.该涂黑哪个

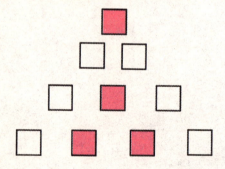

288.魔方的颜色

6个小立方体一面是红色；12个小立方体两面是红色；8个小立方体3个面是红色；没有小立方体4个面是红色；一个小立方体所有的面没有红色。

289.摆放棋子

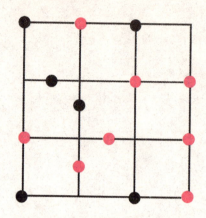

290.棋子阵

原来的25颗棋子不动，只需要把新加的5颗棋子像下图那样与别的棋子重叠就可以了。

如图：

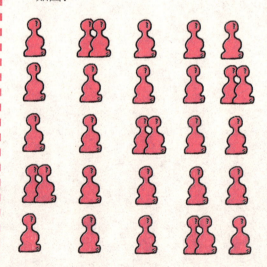

291.自制扇子

292.翻转符号

3列，即将第一、第三和第六列翻转。因为是上下翻转，所以中间的不会有变化，中间的3种花样的数量都是2，我们只需要调整上下即可。

293.走围城

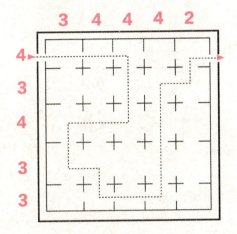

294.空缺处的数字

6。因为第三行的每一个数字都是上面两个数字的平均数。

295.冷漠的邻居

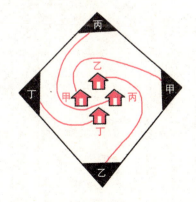

296.微笑的女人

女人的眼睛画错了，上睫毛短下睫毛

长，嘴巴的上唇和下唇颠倒了。

297.巧锯正方形

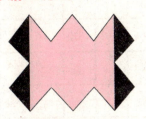

298.路线图

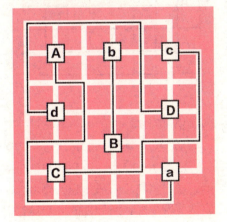

299.视觉幻象

箭头E和箭尾3是配对的。

300.问号处的图形

这张图里的3种图案排列，由里到外形成一个旋涡状，排列的顺序依序如图所示：

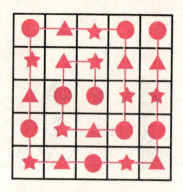

301.相互牵制的局面

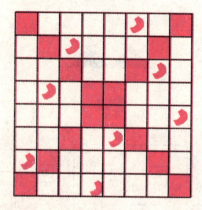

302.消失的正方形

5小块图形中最大的两块对换了一下位置之后，被那条对角线切开的每个小正方形都变得高比宽大了一点点。这意味着这个大正方形不再是严格的正方形。它的高增加了，从而使得面积增加，所增加的面积恰好等于那个方洞的面积。

303.阿拉伯人的头巾

11个。

304.一笔成图

1、2、3可以一笔画出来，4、5、6不能一笔画出来。

305.对称不对称

B。把A、B、C、D重新排列一下，就可以清楚地看出来了。如图：

306.找规律

如下图，鳞片变化规律是加2、加3、减1，如此反复，当鳞片为双数时，鱼头变换方向。

307.财主的难题

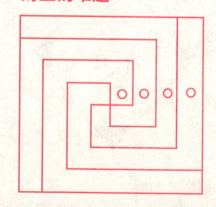

308.老板的年龄

餐厅的老板就是那个法国人，所以老板的岁数就是法国人的岁数。题目之所以绕来绕去说这么多，目的就是想迷惑你。

309.不和谐的邻居们

本道题与295题相似，略微简单一些。小朋友可以想想：除了图片所给的答案，还有别的答案吗？

310.冬天还是夏天

左图是夏天画的。因为夏天11点钟的太阳处于屋顶上方，照射进屋里的光线面积小。右图是冬天画的。

311.老鼠吃点心

老鼠从第8扇门进去，这样能一次吃完所有点心且路线不重复，其路线如图所示：

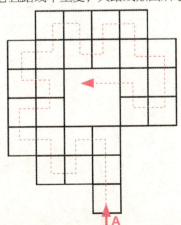

312.大家来找茬

313.疯狂艺术家

A。这叠纸的厚度将达到3355.4432米，有一座山那么高。

314.分遗产

这道题与307题相似，思路也一致，只是难度略大，答案如图所示：

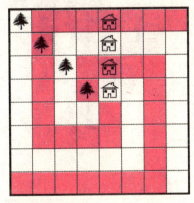

315.迷路的小兔子

这只是正确答案的一种，小朋友，你可以发挥你的想象力帮兔子升级路线。如图：

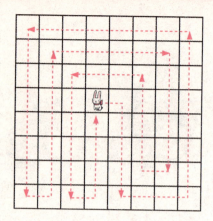

316.变三角形

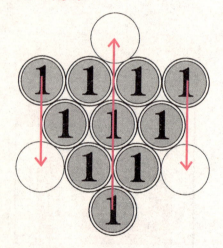

319.一笔画图

这个图可以经过13个转折一笔画成：如图：

320.骰子谜题

E。

317.贵妇的项链

首饰匠师只要在水平一排的两端各偷走一颗钻石，再把最底下的一颗移到顶上，就可以蒙骗住愚昧的贵妇人。

318.平衡

5个太阳符号。各符号的数值为：月亮＝2，云＝3，太阳＝4。

假设太阳为a，月亮为b，云彩为c。根据题意，列出：$2c + b = 2a$，$2c + 3b = 3a$，故$b = a/2$，$c = 3a/4$，所以$4b + 4c = 5a$，同时我们还可以求出这几个数的数值。

第七部分 趣味思考谜题

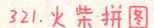

321.火柴拼图

聪明的小猴拿着10根火柴在院子里摆弄个不停。小兔子问它在干什么，小猴说要完成妈妈交代的任务：用10根火柴拼成一个含有10个三角形、2个正方形、2个梯形和5个长方形的图形。

可是，小猴怎么拼也达不到妈妈的要求，小兔子一把接过它手中的火柴棒，两三下就拼出来了。

小朋友，你知道小兔子拼成的图是什么样的吗？

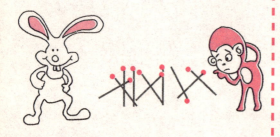

322.近视眼购物

宋雅因为长期躺在床上看书，日子一久，就变成一拿掉眼镜就几乎看不见外在物体的深度近视眼。虽然平时她戴有框眼镜的次数多于戴隐形眼镜，但只有购买某件物品的时候，她觉得还是戴隐形眼镜比较适合。

小朋友，你知道小宋雅购买的是什么物品吗？

323.螳螂捕蝉，黄雀在后

马瑞是一个职业小偷。一天，他溜到地铁里去作案，先偷了一位时髦小姐的钱包，等她下车后他又接连偷了一位西装革履的男子和一位白发苍苍的老太太的钱包。他兴高采烈地下了车，躲在角落里清点了一下，发现3个钱包里总共不过500元，接着他又惊叫起来，原来与这3个钱包放在一起的他自己的钱包不翼而飞了，那里面装着2000元呢！他的口袋里还有一张纸条，上面写着："让你这该死的小偷尝尝我的厉害，看看你偷到谁头上来了！"

小朋友，猜猜看，那3个人中，究竟是谁偷了马瑞的钱包呢？

324.不落地的苹果

把一个苹果系在一根约3米长的线的一端，另一端系在高处，把苹果悬挂起来。

现在，请你开动脑筋想想，你能够从中间剪断这根线，并且保证苹果不会落到地上吗？

325.快速计算

游戏开始了，请小朋友们快速计算：

一辆载着16名乘客的公共汽车驶进车站，这时有4人下车，又上来4人；在下一站上来10人，下去4人；在下一站，下去4人，上来4人；在下一站又下去8人，上来15人。

还有，请你接着计算：公共汽车继续往前开，到了下一站下去6人，上来7人；在下一站下去5人，没有人上来；在下一站只下去一人，又上来8人。

小朋友，这辆公共汽车究竟停了多少站呢？（不要重新计算哦！）

326.永远坐不到的地方

儿子和爸爸坐在屋中聊天。儿子突然对爸爸说："我可以坐到一个你永远坐不到的地方！"爸爸觉得这不可能，小朋友你认为可能吗？

327.老师的题目

听说一个老师要招最后一个学生，很多聪明的人都想成为这个老师的学生，以便学到更多的知识。他们来到老师的门前，看到了老师画在墙上的6个小圆（如图）。旁注说：现在要把3个小圆连成一条直线，只能连出两条，如果擦掉一个小圆，把它画在别的地方，就能连出4条直线，且每条直线上也都有3个小圆。谁能第一个画出，我就收谁做我的学生。

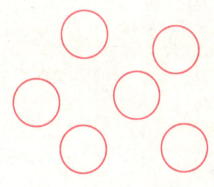

328.比比谁的马慢

一场骑马比赛正在进行，哪匹马走得最慢就是胜利者。于是，两匹马慢得几乎"停止不前"，这样进行下去，比赛什么时候可以结束呢？

在保证能选出最慢者（优胜者）的前提下，小朋友，你能想出好办法让比赛快点结束吗？

329.鸡与蛋的谜题

我们都知道，鸡蛋里能孵化出小鸡，鸡蛋又是母鸡下的，那么，你有没有想到，最初，在地球上，是先有鸡还是先有蛋呢？

小朋友，你知道答案吗？

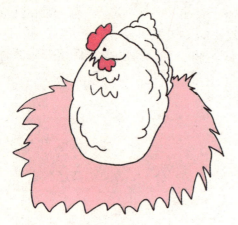

330.戒烟妙招

你想戒烟吗？告诉你一个办法，保证你能戒掉烟。

一包烟有20根，请你点燃1根香烟，抽完后，过1秒再点第二根香烟。抽完第二根后，过2秒再点燃第三根。抽完第三根后，等4秒后点第四根。之后再等8秒，如此下去，每次等待的时间加倍就行。只要你遵守规则，我保证，抽不完两包烟，你就能把烟戒掉了，你知道这是怎么回事吗？

331.星期几

糊涂岛上有两个糊涂孩子，因为没有日历，日子总是过得糊里糊涂的，常常弄不清楚今天是星期几。于是在上学的路上，他们想把这个问题弄清楚。

其中一个孩子说："当后天变成昨天的时候，那么'今天'距离星期天的日子，将和当前变成明天时的那个'今天'距离星期天的日子相同。"

根据这个糊涂孩子说的糊涂话，你能猜测出当天是星期几吗？

332. 自动飞回的皮球

皮皮用力将一只皮球扔了出去，球没有碰到任何障碍物，可奇怪的是，皮球在空中飞了一会儿后，又回到了皮皮的手中。

小朋友，你知道皮皮有什么本事能让皮球自动返回吗？

333. 对方的脸

有两个人，一个面向南站立，一个面向北站立着，现在要求二人不能回头，不能走动，也不能照镜子，小朋友，你知道他们怎样做才能看到对方的脸吗？

335. 奇怪的问题

一天，慧慧问了豆豆一个奇怪的问题：在什么情况下，5大于0、0大于2、2大于5？

豆豆绞尽脑汁，也没有想出来，结果被慧慧狠狠地嘲笑了一番。他很郁闷，小朋友，你能帮帮他吗？

换一种思路考虑问题，答案也许会令你笑破肚皮。

334. 洞里有多少土

一群工人在山腰挖了一个圆柱形的大洞，洞深10米，直径3米。请问，洞里面有多少土？

336. 安然无恙

强子是一位优秀的空降兵。有一次，他和战友一起乘飞机去执行一项任务。飞机飞上高空不久，强子就从飞机座椅上跳了下来，而降落伞并没有打开。

然而奇怪的是，他安然无恙，没有受一点儿伤，小朋友，你知道这是怎么回事吗？是他有什么神奇的本事吗？

337. 急速飞车

有一辆轿车，在全程的最初30秒内以时速50公里行驶。为了让全程的平均时速能保持60公里，在接下来的30秒行驶中，时速应该是多少呢？

338. 斯芬克斯谜题

古希腊有一个神奇的怪物，名叫斯芬克斯，它的上身是一个女人的头像，后面却是狮子的身体。斯芬克斯来到底比斯城后，蹲在一个小山头上，注视着过路的人。每一个进入底比斯城的人都会被它拦住，然后被问一个问题：

世界上有一种动物，这种动物早晨四条腿，中午两条腿，晚上三条腿，腿越多，力量越弱。这是什么动物？如果行人答不上来，立刻就会被它吃掉；如果行人答对了，斯芬克斯就会跳悬崖而死，后来俄狄浦斯回答了出来，为底比斯城除去了一大祸害。

小朋友，你知道应该怎么回答吗？

339. 汤姆的体重

"我最重的时候是85公斤，可是我最轻的时候却只有3公斤。"当汤姆向别人说这件事情的时候，别人都不相信。

小朋友，你来想一想，这可能吗？

340. 喝水

桌子上有满满一大壶水，足有10斤重，要求一口只能喝半杯，那么，你能在10秒内让水壶一下子变空吗？

341.独木桥

姐姐跟着挑着箩筐的爸爸过独木桥，走到桥中间的时候，迎面走来一个小男孩牛牛。姐姐和牛牛谁也不肯让谁，姐姐的爸爸怎么劝说也不行，于是，他急中生智，想出了一个办法，使他们都过去了。

小朋友，你知道姐姐的爸爸是怎么做到的吗？

342.翻穿毛衣

小强有一件漂亮的套头式毛衣，但是他发现毛衣穿反了，印有刺绣的那一面被穿在了后背，而他的两只手腕被一根绳子系住了。在不剪断绳子的情况下，他该怎样把套头式毛衣的正面穿在前面呢（毛衣没有扣子）？小朋友，你知道吗？

343.还有几只兔子

在一个茂盛的菜园里，有128只兔子在埋头偷吃萝卜。农夫看见后非常生气，拿起枪来"砰"的一枪打死了一只兔子。请问菜园里还剩多少只兔子？

344.巧进城堡

有一座城堡，城主下了一道命令，不许外面的人进来，也不许里面的人出去。看守城门的人非常负责，每隔10分钟就走出城门巡视一番，看看是否有人想偷着出去或进来。詹姆斯有急事要进城去找他的朋友商量，可是看守城堡的人又那么认真，怎样才能趁守门人不注意时偷偷进入城堡呢？詹姆斯想到一条妙计，顺利地进入了城堡。

小朋友，你知道詹姆斯是怎样做的吗？

345. 公共汽车

皮皮乘上一辆公共汽车，他发现买票的人（包括皮皮在内）只占了车上人的三分之一，可汽车一直开到终点，司机和售票员也没有向另外三分之二的人索要车票。小朋友，你知道这是为什么吗？

346. 典故谜题

用典是古代很多诗人、词人喜欢的，比如辛弃疾。而典故谜题常常以历史事实为依据，从而构成谜题。猜这样的谜题，需要人可以弄清典故中故事的来龙去脉，并找出隐喻含义才可以。

1. 精忠报国。（猜两个称谓）
2. 不可沽名学霸王。（猜一个成语）
3. 鲁达当和尚。（猜一个成语）
4. 朝辞白帝，暮至江陵。（猜一个成语）
5. 枕中记。（猜《红楼梦》中的诗句）
6. 孤灯挑尽未成眠。（猜《阿房宫赋》中的一句）
7. 七擒七纵。（猜一杂志名称）
8. 桃花潭水深千尺。（猜一个成语）
9. 关公坐失华容道。（猜一个字）
10. 无面目见江东父老。（猜一个字）

347. 买东西

一个聋哑人在商店买钉子。他先把右手食指立在柜台上，左手握紧向下做敲击的动作，售货员给他拿来了一把锤子，聋哑人连连摇头，于是售货员明白了他想买钉子。聋哑人买完钉子后高兴地走了。

这时又进来一个盲人，他想买一把剪刀，请问，你知道他会怎么做吗？

348. 外国人和中国人

有一个人到外国去，可是他周围的人都是中国人，这是什么原因？

349.几堆水果

有4元/千克的香蕉一堆，2元/千克的苹果一堆，4元/千克的橘子一堆。

现在将这些水果合在一起，请你猜一猜一共有几堆呢？

350.聪明的王子

一位王子向智慧公主求婚。聪明的公主为了考验王子的聪明才智，就让仆人端来两个盆，其中一个装着10枚金币，另一个装着10枚同样大小的银币。然后仆人把王子的眼睛蒙上，并把两个盆的位置随意调换，请王子随意挑选一个盆，从里面挑选出一枚硬币。如果选中的是金币，公主就嫁给他；如果选中的是银币，那么王子就再也没有机会了。

王子听了以后，说："你能不能在蒙上我的眼睛之前，让我任意调换盆里的硬币组合呢？"公主同意了他的请求。

小朋友，王子该怎么调换硬币组合才能确保他能在更大程度上获胜，娶到公主呢？

351.大力士的困惑

力量村里生出来的孩子都力大无比。其中有一个大力士可以轻易地举起400斤的东西，但有一天，他竟然连一件200斤重的东西都举不起来，请问，小朋友们，你知道这是为什么吗？当然，他没有生病也没有受伤。

352.精神医生来干啥

有一天，路路感冒了去找内科大夫，精神科医生却从里面拿着药出来了，这究竟是出了什么问题呢？

353.数字谜语

数字也可以做谜语，你能猜出下面谜语的谜底吗？

八（打一发型）

十（打一中药）

九（打一节日）

九（打一中药名）

千（打一人体部分）

二（打一成语）

十（打一成语）

3-2＝？（打一成语）

100-79（打一成语）

1-5＝5（打一成语）

15（打一成语）

15分＝1000元（打一成语）

1/100（打一成语）

6×6（打一成语）

1881~1891鲁迅（打一成语）

2.5（打一成语）

99（打一成语）

2、4、6、8（打一成语）

7/8（打一成语）

1/1（打一成语）

1000（打一成语）

X．3．0＝？（打一成语）

3+3（打一人名）

50+50（打一中药名）

2+1＝3+5（打一数学名词）

2+2＝（打一字）

8（打一出版物名词）

24（打一体育术语）

100-1（打一字）

0+0（打一京剧名）

354.老学者与小孩

一位大名鼎鼎的老学者，居住的小屋旁边有一个池塘，因此想到一个奇怪的问题：这池塘里共有几桶水？这个问题问得稀奇古怪。几桶水？就像问一座山有多少斤重一样，谁答得准确？学者的弟子都是出了名的年轻学者，但没有一个能答上来。老学者很不高兴，便说："你们回去考虑3天。"

3天过去了，弟子中仍无人能解答得出这个问题。老学者觉得很扫兴，干脆写了一张布告，声明谁能回答这个问题，就收谁做弟子，免得有人说他的弟子是一帮庸才。

布告贴出后，一个女孩子大大咧咧地走进老学者的授课大殿，说她知道这池塘里有几桶水。弟子们一听，都觉得好笑，小孩子懂什么。老学者将那问题讲了一遍后，便示意一名弟子领女孩到池塘边去看一下。不料，女孩子笑道："不用去看了，这个问题太容易了。"她眨了几下眼睛，凑到老学者耳边说了几句话。

老学者听后连连点头，露出了赞许的笑容。

小朋友，你能说得出有几桶水吗？

355. 红豆与绿豆

用一个锅同时炒红豆和绿豆，炒熟后往外一倒，红豆和绿豆便自然分开，请问小朋友，你知道该怎么炒吗？

356. 聪明的囚犯

从前有一个人触犯了法律，被首领判处了死刑。这个人请求首领宽恕，首领说："你犯下了死罪，罪不能赦。但我还是允许你选择一种死法。"这个人一听，非常高兴地选择了一种死法。而首领一言既出，驷马难追，看到这样的结果也只好无奈地摇了摇头。

小朋友，你知道这个人到底是选择了一种什么死法吗？

357. 射瓶子

如图，一张只有3条腿的桌子上有4个瓶子，3位神枪手聚在一起，欲比一比谁的本事大，他们打算用最少的子弹射倒4个瓶子。

甲只用了3枪就射倒了4个瓶子。轮到了乙，他只用了两枪。最神奇的是丙，他只用了一枪就将4个瓶子全部射倒了。

当然，丙的本事最高，但是，你知道他们是怎么射的吗？

358. 神枪手

有一个士兵，刚学会开枪。现在他用眼罩把眼睛蒙上，手中握一支枪；连长把他的帽子挂起来后，让这个士兵向前走了40米，然后反身开枪，要求子弹必须击中那顶帽子。你知道那个士兵怎样做才一定能击中那顶帽子吗？

359.脑筋急转弯

1. 什么瓜不能吃?

2. 老王一天要刮四五十次脸，脸上却仍有胡子。这是什么原因?

3. 有一个字，人人见了都会念错。这是什么字?

4. 你能做，我能做，大家都能做；一个人能做，两个人却不能一起做。这是做什么?

5. 用铁锤锤鸡蛋为什么锤不破?

6. 孔子与孟子有什么区别?

7. 用什么可以解开所有的谜?

8. 怎样做你才能把左手全部放入右边的裤兜内，而同时又把右手全部放入左边的裤兜里?

9. 把一只大象放进冰箱里需要分3步，第一把冰箱门打开，第二把大象放进去，第三把冰箱门关上。那么，现在要把长颈鹿放进冰箱，你知道需要分几步吗?

360.读书计划

一个人给自己制订了一个读书计划：一天读20页书。但第三天因病没读，其他日子都按计划完成了。

问第六天他读了多少页?

361.做手术

皮特手持鲜花到医院去接新婚的妻子，医院的护士对他说："你的妻子正在做手术。""什么手术？""大脑手术。"皮特可没有因妻子正在做什么手术而担心，反而在外边哼起了歌。他是不是对妻子太无情了呢?

362.摘李子

一个没有双眼的人，看到树上有李子。他摘下了李子却又留下了李子。想一想，这是什么道理?

363. 恰如其分

有一个盛有900毫升水的水壶和两个空杯子，一个能盛500毫升，另一个能盛300毫升。现在，应该怎样倒水，才能使得每个杯子都恰好有100毫升？

注：不允许使用别的容器，也不允许在杯子上做任何的记号。

364. 迅速反应

让你的同学迅速做出下列反应，很快地说"白色"这个词15遍，在这个过程中，让他把"白色"与"奶牛"连起来。然后让他不假思索地回答下一个问题："牛喝什么？"

365. 谁在挨饿

动物园里有两只熊，成年雄熊每天要吃30斤肉，成年雌熊每天要吃20斤肉，幼熊每天吃10斤肉。但饲养员每天只买20斤肉，那就意味着会有熊挨饿。

请你想一想，这样说对吗？

366. 趣味谜题

语文老师在黑板上写了一首诗，如下所示。每一句诗里都是一句谜语，4句诗刚好凑成一个成语，请你想想看，这是一个什么成语呢？

**火烧山倒，
树毁多少。
大人不在，
云力自烧。**

参考答案

321.火柴拼图

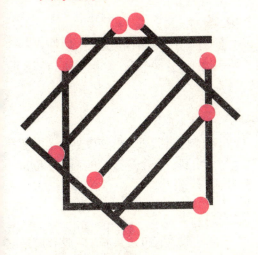

322.近视眼购物

眼镜框。因为宋雅是深度近视，一拿掉眼镜就几乎看不见任何东西，如果不戴隐形眼镜，自己就不能确定购买的镜框是否美观、合适。

323.螳螂捕蝉，黄雀在后

时髦小姐。因为如果是另两个人的话，他们应该连那位小姐的钱包一块儿偷走才对，就算他们不全偷，他们也不知道究竟哪个钱包是马瑞的。只是二者是同时下手的。

324.不落地的苹果

在线的中间打一个活结，使结旁多出一股线来，从线套中间剪断，苹果就不会落到地上了。

325.快速计算

7站。确实很简单吧，但你是不是在费尽心思计算车上还有多少人呢？

注意力是有选择性的，当人们注意某项活动时，心理活动就指向并集中于这一活动，并抑制与这一活动无关的事物。所以，

我们在做一件事情的时候，要把注意力集中到主要的任务上，这样才能事半功倍。

326.永远坐不到的地方

可能。爸爸永远都坐不到自己的腿上。

327.老师的题目

把最左边的小圆画在极远的右边。如图：

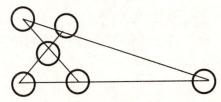

328.比比谁的马慢

可以让两个选手的马交换，这样，两个选手都想使自己骑着的对方的马跑得快点，用"调换一个角度"的办法，把"比慢"变成了"比快"，所以比赛很快就结束了。

329.鸡与蛋的谜题

当然是先有蛋。为什么？请你再看一下题目，题中问的是"蛋"，而不是非鸡蛋不可。爬虫类也会下蛋，它们的出现要比鸡早好多万年。所以当然是先有蛋了。

330.戒烟妙招

只需要算一算第30根香烟后要等多久才能抽第31根香烟即可知晓。要等的时间为 2^{29} ＝ 536870912秒 ＝ 149130.8小时 ＝ 6213.8天，快二十年了。能在这么长的时间不抽烟，想不戒烟都不行了吧。

331.星期几

今天就是星期天。他们真是够糊涂的，竟然在星期天早晨去上学。

332.自动飞回的皮球

没有什么本事，只需要将球垂直向上扔再接住即可，相信你也一定能做到。

333.对方的脸

如果你认为两个人是背对背而立，那就得不到答案了。两个面对对方站立的人，也同样可以一个面向南一个面向北啊。

334.洞里有多少土

既然是挖出来的洞，洞里面自然没有土，大家不要被数字迷惑。

335.奇怪的问题

在玩游戏的时候，石头、剪刀、布！你猜出来了吗?

336.安然无恙

别去想他有什么神奇的本事了，他只是做了一件连你也能做到的事。他只是从座椅上跳到了机舱里面，当然不用担心安全问题了。

337.急速飞车

无法确定，因为不知道全程是多少。

338.斯芬克斯谜题

是人。

早晨，象征人刚出生的时候，是靠腿和手爬行走路的，所以早上起来的时候四条腿；中午象征人到了中年，是靠两条腿直立行走的，所以中午两条腿；晚上三条腿就是指人衰老的时候要借助拐杖走路，那么这个拐杖就形成了人的第三条腿，所以晚上三条腿。

339.汤姆的体重

完全有可能。他最轻的时候是刚出生的

时候。

340.喝水

随便你怎么做都可以，比如把水一下子泼在地上。看好了，题目并没有限制这样做。

341.独木桥

姐姐的爸爸把两个小孩放进两边的箩筐里，转一个身，两个小孩就相互换了位置，各自过桥了。

342.翻穿毛衣

首先，把毛衣拉过头脱下，这样就把它翻了个面，让它的里面向外挂在绳子上。

然后，把毛衣从它的一只袖子中塞过去，这样就翻了个面。现在，将正面向外挂在绳子上。

最后，把毛衣套过头穿上，这样就完整地把毛衣穿好了。

343.还有几只兔子

当然只剩下一只死兔子了。

344.巧进城堡

詹姆斯趁守门人出来巡视的间隙，快步走进城门，当守门人出来巡视时，又转身往回走。守门人误认为他想溜出城门，于是就把他赶进了城堡。

345.公共汽车

车上只有一位乘客，那就是皮皮，他买了票，司机和售票员当然不会向他们自己索要车票。

346.典故谜题

1.岳母、令郎。典故来自岳母在岳飞背上刺"精忠报国"的故事。

2.残兵败将。典故来自项羽的故事，联系上半句"宜将胜勇追穷寇"，即"战败后残余的兵将"。

3.半路出家。谜面来自鲁智深的故事，他是在打死镇关西之后才出家当和尚的。

4.一日千里。谜面来自李白的诗《早发白帝》和郦道元的《水经注》中"有时朝发白帝，暮至江陵，其间千二百里，虽乘奔御风，不以疾也"的记载。

5.一载赴黄粱。谜面是唐朝沈既济的传奇小说《枕中记》，谜底则是《红楼梦》中关于迎春的判词"子系中山狼，得志便猖狂。金闺花柳质，一载赴黄粱"。

6.楚人一炬。谜面是白居易《长恨歌》中的诗句，谜底则为《史记·项羽本纪》中项羽火烧阿房宫的记载。

7.《收获》。谜面来自《三国演义》中诸葛亮七擒七纵孟获的故事。

8.无与伦比。谜面来自李白《赠汪伦》中"桃花潭水深千尺，不及汪伦送我情"的诗句。

9.遭。谜面取《三国演义》中关羽在华容道放走曹操的故事。

10.诩。谜面是项羽乌江自刎前的感慨，猜谜要联系到"诩"的繁体字写法"翮"。

347.买东西

直接说出来要买剪刀。你是不是想说用手做剪子状比划呢？错了，因为盲人会说话，不需要用手比划的。

348.外国人和中国人

这个外国人到中国来了。

349.几堆水果

合在一起就只能是一堆了。

350.聪明的王子

王子可以在金币盆里留一枚金币，把另外9枚金币倒入另一个盆里，这样一个盆里就只有一枚金币，另一个盆里就有10枚银币和9枚金币。如果他选中那个放一枚金币的盆，选中金币的概率是100%；如果选中放19枚钱币的盆，摸到金币的概率最大是9/19。王子选中两个盆的概率都是1/2，所以，把前面的两项结果加起来，得出选中金币总的概率就是：100% × 1/2 + 9/19 × 1/2 = 14/19，这样远远大于原来未调换前的1/2。

351.大力士的困惑

因为他要举起的是他自己。

352.精神医生来干啥

医生也会生病，所以精神科医生也有可能去找内科医生看病呀。

353.数字谜语

分头，三七，八一，补心丸，舌头，始终如一，三三两两，一字之差，一念之差，以一当十，一五一十，一刻千金，百里挑一，三十六计，百年树人，接二连三，百无一失，无独有偶，七上八下，始终如一，漏洞百出，不可胜数，陆定一，百合，不等式，井，连环画，双打，白，《连环计》。

354.老学者与小孩

要看是什么样的桶，如果桶和水池一样大小，只有一桶水；如果桶只有水池一半大，则有两桶水；若桶有水池的三分之一大，则有3桶水，以此类推。

355.红豆与绿豆

锅里只炒一粒红豆和一粒绿豆就行了。
如此简单的问题，为什么很多人想不出

答案呢？原因在于这个问题突破了人们日常的思维定式和思维习惯。

356.聪明的囚犯

这个人选择了"老死"的死法。

357.射瓶子

丙把桌子的一条腿射断了，桌子倒了，桌子上的瓶子当然全部倒了。甲和乙的方法如下图：

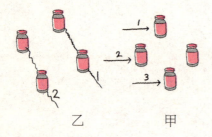

乙　　　　　甲

358.神枪手

题目只是说把帽子挂起来，并没有说挂在哪里，当然可以把帽子挂在枪口上，这样就能轻松做到了。

359.脑筋急转弯

1. 傻瓜。2. 老王是个理发师。3. 这是"错"字。4. 做梦。5. 铁锤当然不会破了。6. 孔子的"子"在左边，孟子的"子"在上边。7. 答案。8. 把裤子前后反着穿。9. 4步：第一把冰箱门打开，第二把大象拿出来，第三把长颈鹿放进去；第四把冰箱门关上。

360.读书计划

第六天仍读了20页。

361.做手术

你绝对错怪他了！他的妻子是外科医生，正在给病人做手术。

362.摘李子

很简单，他没有双眼，但有一只眼睛。他看到了树上有两颗李子，摘下一颗并留下一颗，所以他可以摘了李子也留下了李子。你想到了吗？

363.恰如其分

把两个杯子都倒满，然后将水壶里的水倒掉。接着将300毫升杯子内的水全部倒回水壶，把大杯子的水往小杯子倒掉300毫升，并把这300毫升水倒回壶中，再把大杯子剩下的200毫升水倒往小杯子，把壶里的水注满大杯子（500毫升），这样，同理只剩100毫升。再把大杯子的水注满小杯子（只能倒出100毫升），然后把小杯子里的水倒掉，再从大杯子往小杯子倒300毫升，大杯子里剩下100毫升，再把小杯子里的水倒掉，最后把水壶里剩下的100毫升水倒入小杯子。这样在每一个杯子里都恰好有100毫升的水。

364.迅速反应

毫无疑问，答案应当是"水"，这是智力正常的人都知道的。可是，大多数人在被问到这个问题时却会错误地说"牛奶"。本题看上去没什么，其实这里就是说并不是思维惯性而是想象力给人的一种误导。

365.谁在挨饿

不对。动物园里只有两只幼熊。

366.趣味谜题

灵机一动。